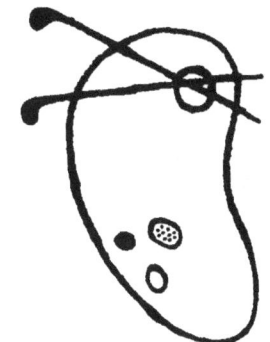

Début d'une série de documents en couleur

Contraste insuffisant
NF Z 43-120-14

Illisibilité partielle

VALABLE POUR TOUT OU PARTIE
DU DOCUMENT REPRODUIT

NOUVELLE COLLECTION A 1 FR. LE VOLUME

ERNEST CAPENDU

HOTEL DE NIORRES

LE COMTE DE SOMME

III

PARIS
LIBRAIRIE MONDAINE
CHARLES GAUSSE, LIBRAIRE-ÉDITEUR
9, rue de Verneuil, 9

A LA MÊME LIBRAIRIE

LES VIERGES FIN DE SIÈCLE, par Jean Rameau, 1 fort volume de 396 pages environ, in-18 jésus, couverture illustrée : 3 francs

NOUVELLE COLLECTION A 1 FRANC LE VOLUME

CAPENDU (Ernest)
- Mareuf le Malouin . . . . 1 vol.
- Le Marquis de Loc-Renan . . . . 1 —
- Le Chat du bord . . . . 1 —
- Blancs et Bleus . . . . 1 —
- Mary Morgan . . . . 1 —
- Vœu de haine . . . . 1 —
- L'Hôtel de Niorres . . . . 1 —
- Le Roi des Gabiers . . . . 1 —
- Le Tambour de la 32e demi-brigade . . 3 —
- Bibi-Tapin . . . . 4 —
- Arthur Gaudinet . . . . 2 —

CHINCHOLLE (Charles)
- Le Joueur d'orgue . . . . 1 vol.
- Paula, roman parisien . . . . 1 —
- La Grande Prêtresse . . . . 1 —

MONTÉPIN (Xavier de)
- Pivoine . . . . 1 vol.
- Mignonne . . . . 1 —

DAUDET (E.)
- Tartufe au village . . . . 1 vol.
- L'Envers et l'Endroit . . . . 1 —

FOUDRAS (Marquis de)
- Suzanne d'Estouville . . . . 2 vol.
- Lord Algernon . . . . 2 —
- Madame de Miremont . . . . 2 —

LANDELLE (Gustave de la)
- Les Géants de la mer . . . . 4 vol.

NOIR (Louis)
- La Banque juive . . . . 1 vol.
- Le Médecin juif . . . . 1 —
- Le Colporteur juif . . . . 1 —
- Le Roi des chemins . . . . 1 —
- Le Ravin maudit . . . . 1 —
- Le Campeur de têtes . . . . 2 —
- Le Lion du Soudan . . . . 2 —

PIGAULT-LEBRUN
- Le Citateur . . . . 1 vol.

COLLECTION SPÉCIALE, LITTÉRATURE, ROMANS

D'HERVILLY (Ernest)
- Aventures d'un petit Garçon préhistorique, illustré par Frédéric RÉGAMEY, 1 vol. . . . . . 7 fr.

MONTET (Joseph)
- Hors des Murs, illustré par Frédéric RÉGAMEY, 1 vol. . . . . . 5 »

BERTHET (Elie)
- Mme Arnaud, directrice des Postes, 1 vol. . . . . 3 fr.

FOUDRAS (Marquis de)
- Les Gentilshommes chasseurs, 1 vol. . . . . 3 »
- L'Abbé Tayaut, 1 vol. . . . . 3 »

BIBLIOTHÈQUE DES BONS ROMANS ILLUSTRÉS

AIMARD (Gustave)
- Les Maîtres espions, complet . . . 9 »
- Le Loup-Garou 1 80
- Pris au piège 1 80
- Les Fouciteurs de femmes 1 80
- La Revanche 1 80
- Une Poignée de coquins 1 80

BERTHET (Elie)
- Mademoiselle de la Fongerie . . . » 60
- Paul Duvert . . . . » 60
- M. de Blangy et les Rupert . . . . » 60
- Les Trois Spectres, complet . . . 3 60

CAPENDU (Ernest)
- La Mère l'Étape 1 80
- L'Hôtel de Niorres . . . . 3 »
- Le Roi des Gabiers . . . . 3 »
- Le Tambour de la 32e demi-brigade . 3 »
- Bibi-Tapin 3 50
- Mademoiselle La Raine 1 80
- Siège de Paris, complet . . . . . 5 »

CHARDALL
- Trois Amours d'Anne d'Autriche . . 1 20
- Capitaine Dix 1 30

DUPLESSIS (Paul)
- Les Boucaniers . . . . 2 »
- Les Étapes d'un volontaire . . . . 3 »
- Les Mormons 2 40

NOIR (Louis)
- Jean Casse-Tête . . . . 3 »
- Le Trésor d'Ousda . . . . 3 »
- Mort et ressuscité 1 50
- Le Corsaire noir 2 40
- Les Mystères de la Savane 1 50
- Le Perte de sang . . . . 1 »
- Le Roi des Chemins, complet . . . 5 »
- Le Roi des Chemins 1 50
- Le Trou de l'enfer . . . . 2 »
- La Ville fantôme 1 50
- Les Goélands de l'Iroise, complet . . . . 3 »

Imprimerie Paul SCHMIDT, Paris-Montrouge (Seine).

Fin d'une série de documents
en couleur

L'HOTEL

DE NIORRES

ERNEST CAPENDU

L'HOTEL
DE NIORRES

TOME TROISIÈME

LIBRAIRIE MONDAINE
Ancienne Maison d'Édition DEGORCE-CADOT
GAUSSE, ÉDITEUR
9, rue de Verneuil, 9
PARIS

L'HOTEL DE NIORRES

I

UNE FOLIE (suite).

Les jeunes gentilshommes s'inclinèrent et traversèrent l'antichambre pour gagner la pièce principale de la petite maison. Quand le duc fut seul avec Durand, il se rapprocha de lui, et baissant la voix :

— J'attends encore le comte de Sommes, l'un de ses amis, la Duthé et quatre femmes...

— Hormis ces personnes, Son Altesse ne reçoit pas ? ajouta M. Durand en voyant le prince s'arrêter.

— Oui et non... c'est-à-dire que ceux-là sont les seuls convives que j'attende; mais, écoutez-moi bien, monsieur Durand; vous allez demeurer vous-même dans l'antichambre des grisons; tout à l'heure, trois hommes se présenteront, peut-être ensemble, peut-être séparément; vous les introduirez, sans prévenir, dans le cabinet des glaces...

— Puis-je demander à Monseigneur comment je reconnaîtrai ces trois hommes ?

Le duc tira une carte de sa poche et la remit au maître d'hôtel.

— Chacun d'eux vous dira l'un de ces noms, dit-il.

— John, James, Jack, lut M. Durand.

— C'est bien cela.

— Faudra-t-il avertir Monseigneur?

— Inutile. Faites seulement ce que je vous ai ordonné, et arrangez-vous de manière à ce que personne autre que vous ne puisse voir ces hommes à leur entrée et à leur sortie. Ils partiront avant l'heure du souper.

M. Durand s'inclina en signe qu'il avait parfaitement compris.

— Quand le comte de Sommes arrivera, continua le duc, vous tinterez deux coups pour me prévenir, et avant de faire entrer le comte au salon, vous le prierez d'attendre mes ordres ici. Vous n'oublierez rien, monsieur Durand?

— Rien absolument, Monseigneur.

— Alors, je m'en rapporte à votre intelligence.

Le duc, en achevant ces mots, ouvrit une porte opposée à celle par laquelle étaient sortis les gentilshommes qui l'avaient accompagné et il quitta à son tour l'antichambre.

Traversant une pièce servant de salle de concert, le duc pénétra dans le boudoir. Aucun lustre, aucun candélabre, aucune lampe ne se voyait dans ce boudoir cependant parfaitement éclairé. La lumière y arrivait à travers des nuages de diverses couleurs. Elle descendait chargée de nuances calculées savamment, et toujours favorables à l'abandon de la coquetterie. Les murailles étaient recouvertes de lés de velours cramoisi, tellement foncé qu'il semblait presque noir. Des franges, des galons d'or les bordaient sans en égayer le sombre appareil. Tout autour de la pièce régnait un divan. Des statues, des bronzes, des tableaux étaient accrochés sur chaque panneau.

Dans ce boudoir, dont les draperies voilaient une glace, qu'un ressort caché faisait subitement apparaître, on foulait aux pieds un tapis formé de fourrures des renards bleus et des martres-zibelines. Plus de deux cent mille livres avaient dû être le prix de cette pièce, la plus petite de la Folie.

Le duc, en y pénétrant, se plaça sur le divan et parut attendre ; mais il n'attendit pas longtemps. Un coup sec fut frappé à la porte.

— Qui ? demanda le duc.

— Jack ! répondit une voix.

— Entrez !

La porte tourna sur ses gonds, et un homme s'arrêta sur le seuil.

— Bonsoir, monsieur Danton, dit le duc de Chartres en faisant un geste amical au nouveau venu.

Danton s'avança vers le prince ; mais, il avait à peine fait quelques pas sur le moelleux tapis, qu'un second coup, suivi aussitôt d'un troisième, résonna extérieurement.

— James ! John ! fut-il répondu aux interrogations du duc.

Et les deux nouveaux personnages pénétrèrent à leur tour dans le boudoir.

— Monsieur de Mirabeau, monsieur de Saint-Fargeau, je vous sais gré de votre exactitude, dit le prince, en se soulevant, pour rendre les saluts qui lui étaient adressés.

Puis, lorsque les trois hommes eurent pris place :

— Eh bien ! monsieur de Mirabeau, continua le prince, vous arrivez d'Angleterre. Avez-vous étudié la question qui nous préoccupe ?

— Oui, monseigneur, répondit le comte de Mirabeau en s'inclinant, et j'apporte tous les renseignements nécessaires pour l'organisation des clubs politiques appelés, j'en suis certain, à jouer en France un rôle devenu nécessaire.

— Oui ! s'écria Danton avec violence. Il est temps que la nation puisse enfin formuler publiquement ses plaintes et ses exigences.

— Et soutenir les vœux du parlement, ajouta Lepelletier de Saint-Fargeau.

— Honneur à vous, monseigneur ! reprit Danton en se levant. La pensée de ces assemblées populaires est un grand pas fait en avant.

— Oui, dit Mirabeau ; mais, pour accomplir l'enjambée, il faut deux choses importantes.

— Lesquelles?

— Des hommes et de l'argent.

— L'argent est à votre disposition, dit le duc.

— Alors nous aurons les hommes ; mais il en faut beaucoup. Il les faut surtout jeunes, ardents, convaincus, intelligents et entraînants.

— Avez-vous des listes ? demanda le duc.

— En voici une première, dit Danton.

— Et en voilà une seconde, ajouta Mirabeau.

Le duc de Chartres prit les deux papiers que lui tendaient les deux hommes et il les parcourut avidement. Ces listes contenaient les noms d'une grande partie de ceux qui devaient, quelques années plus tard, jouer un rôle si important dans le prologue de la Révolution. Comme le duc achevait sa lecture, une cloche tinta deux fois.

— Le comte de Sommes! dit le prince. Il est tout à nous, il peut venir.

Et comme aucune opposition ne se manifesta chez ceux auxquels il s'adressait, le duc se pencha et tira un cordon de sonnette. Quelques instants après, le gentilhomme entrait dans le boudoir. Sans doute il était au courant de ce qui devait s'y passer, car quelques mots du duc suffirent pour le mettre sur la voie du sujet que l'on traitait. Se penchant au-dessus de l'épaule du duc, il parcourut les listes que celui-ci tenait encore.

— Oh! oh! fit-il en s'adressant à Danton, il me semble que vous oubliez un nom, et c'est cependant celui de l'un de vos amis.

— Lequel? demanda l'avocat.

— Celui de Fouché, l'oratorien. C'est un homme éminemment intelligent, et dont le concours ne peut que nous être utile.

— Cela est vrai, répondit Danton ; mais Fouché ne se mêle pas de politique.

— Eh bien ! il s'en mêlera.

— Je le connais ; il est profondément égoïste. Il ne se mettra jamais en avant, si un mobile puissant n'agit pas sur lui.

— Alors qu'on le pousse

— Qu'est-ce que ce Fouché? demanda Mirabeau.

— Un professeur à Juilly, répondit Danton. Un homme d'une valeur incontestable, et qui, lorsqu'il le voudra, aura une énorme influence sur ses compatriotes de Nantes.

— Précisément il nous manque des hommes dans l'Ouest.

— C'est pardieu bien pour cela que je dis qu'il nous faut Fouché dans nos rangs ! fit le comte avec une vivacité extrême.

— Oh ! dit Danton en secouant la tête, Fouché est habile, et s'il venait à nous, il entraînerait une suite nombreuse.

— En parlant comme je le fais, reprit le comte, je sacrifie mes inimitiés au bien de la cause commune, car M. Fouché ne m'aime pas, et il ne m'est nullement sympathique ; mais j'ai deviné l'étoffe qu'il y a en lui, et s'il veut...

— La question est là, interrompit Danton. Voudra-t-il ?

— J'ai un moyen infaillible de l'amener à vouloir.

— Alors employez ce moyen, car, en formant des clubs, il ne faut pas échouer. Chaque assemblée doit avoir, au milieu d'elle, des intelligences d'élite.

— La police fera fermer ces clubs, fit observer le duc, s'ils sont trop violents.

— Tant mieux ! s'écria Mirabeau. S'il y a fermeture, il y aura scandale, et le scandale est le plus puissant de tous les leviers pour remuer les masses, lorsqu'elles hésitent à agir.

La conversation continua. Il s'agissait de la fondation

de l'œuvre importante qui devait servir si énergiquement à révolutionner le royaume. L'introduction en France des clubs devait être, tout d'abord, une nouveauté qui charmerait tous les esprits. On ne prévoyait encore que, vaguement, l'assemblée des Notables et celle des États-Généraux, et cependant il y avait, dans le peuple et surtout dans la bourgeoisie, un tel besoin d'agitation qu'il était aisé de deviner la faveur dont jouiraient des assemblées populaires partielles.

Le duc de Chartres, avec sa manie des imitations anglaises, avait, cette fois, pensé juste dans son désir d'inquiéter la cour qui le repoussait. Ceux avec lesquels il s'était mis en relation, obéissant à un autre mobile, n'en avaient pas moins accueilli, avec ardeur, la pensée de l'établissement des clubs. Ces hommes n'étaient point des conspirateurs, et le titre d'agitateurs pouvait seul leur être appliqué.

La discussion entre Mirabeau, Danton, Lepelletier de Saint-Fargeau et le duc de Chartres fut courte, car tous étaient d'accord sur le but, et le prince s'en remettait à ses interlocuteurs pour les moyens à employer afin de l'atteindre.

A onze heures, les trois hommes, introduits sous trois prénoms anglais, afin que les valets ne pussent même pas deviner leur personnalité véritable, se retirèrent, laissant seuls, le duc de Chartres et le comte de Sommes.

— Allons souper! dit le duc, comme s'il avait eu hâte de quitter les affaires pour courir au plaisir.

— Un mot, monseigneur! fit le comte en l'arrêtant respectueusement. Vous avez entendu ce que nous avons dit de Fouché. Il faut que cet homme soit à nous.

— Eh bien! prends-le! répondit le duc en riant.

— Aidez-moi à le prendre alors.

— Comment?

— Fouché a quitté Paris il y a une heure à peine, dit le comte en s'approchant du prince. Il va à Nantes pour une affaire à laquelle il s'intéresse vivement. Empêchez-le d'arriver à destination et je vous réponds qu'il deviendra des nôtres.

— Je ne comprends pas, dit le duc.

— C'est bien simple. Fouché est vindicatif et haineux, je le sais. J'ai des renseignements à cet égard qui ne peuvent me tromper. Si Fouché voit ses desseins entravés et que ces entraves proviennent de la police du royaume, il englobera dans un même sentiment de haine l'écheveau entier d'où seront partis les fils qui l'auront arrêté. De plus, il faut qu'il soit forcément et malgré lui, jeté dans le parti dont vous êtes le chef.

— Explique-toi nettement, fit le duc en prenant place sur le divan.

M. de Sommes regarda le prince en souriant finement et s'asseyant près de lui avec une aisance dénotant une familiarité qui n'avait rien à redouter.

— Fouché n'est pas parti seul, reprit-il. Il emmène avec lui trois hommes ; un étudiant nommé Brune, un soldat appelé Nicolas Soult et un garçon de magasin, Jean Lannes. L'argent manquait à ces trois derniers pour faire le voyage : je leur ai donné cent louis bien ostensiblement... seulement j'ai fait attendre pour retarder leur départ jusqu'à ce que je vous aie vu...

— Pourquoi cela?

— Tout le monde sait que je suis profondément dévoué à Votre Altesse et que je suis l'ennemi de la cour. Donc, en obligeant des amis de Fouché, moi, l'un des familiers de la maison du duc de Chartres, je fais passer forcément ces obligés pour des protégés de monseigneur. Donc encore, Fouché voyage avec des gens appartenant à votre parti.

— Très bien ! dit le duc, je comprends. Ensuite ?

— Ensuite, je viens d'insister, vous en avez été témoin, et d'insister de la façon la plus vive, la plus formelle pour que Fouché entre dans les rangs que nous formons. Mirabeau, Saint-Fargeau, Danton, ont dû trouver mes instances singulières. Ils s'en préoccuperont, ils en parleront, et comme il est bien certain que chacun de ces hommes a, autour de lui, des espions ou des traîtres, nos ennemis sauront que Fouché est un personnage à l'acquisition duquel vous tenez beaucoup. Par cela même il devient suspect, il est tracassé, surveillé et forcément mécontent. Ce n'est pas tout, il faut le compromettre sérieusement et de façon à ce qu'il ne puisse même se justifier.

— As-tu un moyen ?

— Excellent ! La voiture, dans laquelle Fouché et ses amis sont partis, éprouvera un accident à Arpajon... Un essieu se rompra...

Le comte souligna cette dernière phrase avec une intention à laquelle il n'y avait pas à se méprendre.

— Le relai sera désert, continua-t-il, et le seul charron qui existe à Arpajon en sera parti deux heures avant l'arrivée de la voiture pour aller à un château du voisinage. Il faudra sept heures environ pour le trouver, deux heures de travail pour réparer la voiture, en tout : neuf heures. Fouché et les siens seront à Arpajon à trois heures du matin cette nuit, et, comme les chevaux manqueront jusqu'à l'arrivée du charron, ils ne pourront repartir que demain dans la matinée ; donc nous avons à nous une nuit entière !

— Très bien ! répondit le duc, mais pourquoi cet acharnement, de ta part, après ce Fouché dont je n'ai jamais entendu parler jusqu'ici ?

Le comte regarda autour de lui comme s'il craignait d'être entendu et, s'approchant du duc :

— Il s'agit de l'affaire de la comtesse de La Mothe ! murmura-t-il à voix basse.

— Le collier de la reine ! dit le prince en tressaillant.

— Oui. Fouché est aux gages du cardinal de Rohan !

— Tu en es sûr ?

— Chut ! monseigneur ! Prenez garde. Je réponds de ce que je vous dis. Moi seul sais que Fouché doit jouer un rôle important dans cette affaire.

— Quel rôle ? demanda le duc de Chartres avec une vivacité prouvant l'intérêt qu'il prenait à cette révélation de son confident.

— Le cardinal, sans être convaincu de toute l'étendue de la sottise qu'il a faite, commence à en redouter les suites cependant. L'abbé Georgel, l'intime conseiller de Son Éminence, y voit plus loin que le cardinal et il veut se tenir sur ses gardes. Il a fait venir Fouché, un oratorien comme lui, et l'a chargé de se rendre à Nantes pour avoir là des preuves (je ne sais lesquelles) que la comtesse de La Mothe est une intrigante et que le pauvre cardinal a été dupé.

— Mais, fit observer le duc en réfléchissant, si le cardinal a été dupé dans cette intrigue, la reine en sortira blanche comme neige et même on ne pourra parler d'elle.

— Oui, monseigneur. Ce procès, au lieu de lui créer des ennemis, lui ramènera les esprits, car on la plaindra.

— Il ne faut pas cela, Edouard, il ne faut pas cela, dit le duc avec une énergie étrangement contraire à ses habitudes. Cette femme m'a fait trop de mal pour que je ne cherche pas à me venger. Elle a tout fait pour me nuire dans l'esprit public ; je lui rendrai calomnie pour calomnie !

— Voilà précisément pourquoi, monseigneur, je veux empêcher Fouché d'atteindre son but.

— Mais les moyens ?

— Rien de plus aisé. L'abbé Georgel a agi en secret ; donc personne ne sait que Fouché est parti pour le compte du cardinal. Bien au contraire ; le motif de son voyage, motif avoué, est de chercher à retrouver la fille de ce teinturier de la rue Saint-Honoré, dont je vous ai raconté l'histoire.

— Ah ! la jolie mignonne ?

— Oui.

— C'est pour cela qu'il a emmené avec lui Nicolas, Jean et Brune ; mais le motif véritable de cette expédition est celui que je viens de vous révéler.

— Mais comment l'empêcher d'arriver à Nantes ? demanda le duc de Chartres avec impatience.

Le comte de Sommes sourit fièrement et prit une lettre ouverte dans sa poche :

« Cher monsieur Fouché, lut-il à haute voix, je prends le plus vif intérêt à la réussite de vos projets. J'ai appris, par des amis indiscrets, dans quelle intention vous entreprenez un voyage difficile. Je vous en remercie profondément, car je comprends ce que vous voulez faire. Croyez que je mettrai tout en œuvre pour vous donner le concours qui vous est si absolument nécessaire, et convaincu que vous trouverez, toujours en moi, un protecteur fidèle et aimant. »

Puis en note au bas de la lettre, continua le comte :

« Songez à la R... Le prétexte de l'enfant à trouver est parfait ! »

— Que Votre Altesse signe cette lettre, reprit le comte, qu'elle la cachète de ses armes, qu'elle fasse monter Picard à cheval sur l'heure, et qu'elle l'expédie à Arpajon avec ordre de rejoindre M. Fouché à quelque prix que ce soit.

— Corbleu ! fit le duc, quelle charade joues-tu devant moi ? Donne le mot au moins !

— Quoi ! monseigneur, vous ne comprenez pas ? Rien pourtant de plus facile ! Picard, votre courrier, est un espion vendu au lieutenant de police, vous le savez...

— Eh ! certes ! je le sais ! Et tu veux que je me serve d'un pareil drôle ?

— Sans doute. Ces gens-là sont quelquefois précieux. Picard n'aura pas plutôt enfourché sa monture, qu'avant de quitter Paris, il courra chez M. Lenoir et lui remettra la missive dont il est chargé. Le lieutenant de police en prendra connaissance, et se livrera aussitôt aux suppositions les plus extraordinaires ; il verra dans Fouché un émissaire, il rêvera conspiration et lançant sur le voyageur et ses compagnons tous les argousins de son administration, il s'efforcera de se mettre entre l'homme et le but ignoré qu'il doit atteindre. Bref, il élèvera obstacles sur obstacles, j'en suis sûr, et Fouché manquera son expédition.

— Mais si Fouché est entravé par la police, dit vivement le prince, les parents croiront à un plan ourdi contre eux, car ils doivent penser que Fouché agit uniquement dans leur intérêt.

— Sans doute, monseigneur.

— Mais la bourgeoisie criera.

— Eh ! tant mieux, monseigneur ! Je n'avais pas pensé à cela, moi ! C'est parfait. Du même coup nous attachons à nous un homme précieux pour l'avenir, nous augmentons le nombre des mécontents que fait la cour, et nous entravons les intentions du cardinal.

— Il faudrait tâcher de mêler personnellement la reine à tout cela, dit le duc après un moment de silence.

— Ce sera facile. Nous verrons. Pour le présent, que Votre Altesse expédie cette missive.

— Donne-moi ce qu'il faut.

Le comte alla prendre un petit bureau portatif placé dans un angle du boudoir, et il l'apporta devant le duc. Celui-ci signa la lettre si peu compromettante pour celui qui l'écrivait, et permettant cependant toutes les suppositions les plus malveillantes contre celui auquel elle était adressée. Il la cacheta de ses armes et tira un cordon de sonnette. Le maître d'hôtel entra. Lui seul pouvait pénétrer dans l'intérieur de la petite maison.

— Monsieur Durand, dit le duc, envoyez au palais chercher Picard, qu'il vienne tout botté et tout monté. Monsieur le comte lui transmettra mes ordres.

Le maître d'hôtel s'inclina et sortit.

— Maintenant, allons souper, continua le prince, et au diable la politique ! Voilà deux heures entières que je m'ennuie à rendre l'âme ! La Duthé et ses compagnes doivent être au salon. A propos, et ton italien ?

— Il est avec Lauzun et les autres ; il attend Votre Altesse.

— Eh bien, dès que Picard sera arrivé, donne les ordres en mon nom et viens ensuite nous retrouver.

Et le duc, adressant un signe amical à son compagnon, quitta le boudoir.

Demeuré seul, le comte de Sommes parcourut la pièce dans toute sa longueur, et prit un siège sur lequel il se laissa aller avec un geste empreint d'un sentiment d'orgueil satisfait.

— Et cet homme veut conspirer ! murmura-t-il en haussant les épaules avec une expression de mépris indicible. Il se croit profond politique ! Pauvre niais ! Quand ses secrets vaudront un million, on pourra faire affaire avec le lieutenant de police... A moins, continua mentalement le comte en réfléchissant, que la somme soit plus forte d'un autre côté... Allons ! décidément le roi du bagne est un grand génie. Tout ce qu'il prédit arrive ! Vive Dieu ! ce Fouché me gênait, je l'avoue et ce moyen de m'en débarrasser est d'une adresse au-dessus de tout éloge... Oui, cet homme est puissant... trop puissant même... Me mettre entièrement dans ses griffes serait me jeter à sa discrétion... Le roi du bagne !...

Et le comte réfléchit encore.

— Si l'une des deux survivait seule ! reprit-il après un instant. Cette pensée me poursuit sans cesse... On verra !

Le bruit d'un timbre retentit au dehors.

— Ah ! fit le comte, c'est Picard !

Et il sortit rapidement du boudoir.

II

LE SOUPER

Les quatre gentilshommes, qui avaient accompagné le duc de Chartres, étaient MM. de Lauzun, de Cadore, de Laval et d'Ogny.

Le salon dans lequel ils entrèrent, alors que le prince les avait invités à quitter l'antichambre, était, en tous points, par sa richesse de bon goût, une des pièces les plus fastueuses de cette luxueuse Folie.

Ces Messieurs avaient tout aussitôt entamé une partie de creps interrompue, de temps en temps, par le récit de quelque aventure scandaleuse, ou par des interrogations sur les principaux événements du jour.

— A propos, dit Lauzun en ramassant une pile de louis d'or qu'il venait de gagner au marquis de Laval, quelqu'un de vous a-t-il des détails nouveaux sur les empoisonnements de l'hôtel de Niorres ?

— On dit qu'on est sur la voie des coupables; mais cela m'occupe peu, répondit le baron de Cadore. Ce qu'il y a de plus intéressant c'est le portrait que l'on m'a fait des deux jeunes filles...

— Les nièces du conseiller ? demanda d'Ogny.

— Oui ; il paraît qu'elles sont ravissantes. De Sommes les a vues, et il m'a juré qu'il était tombé amoureux des deux jeunes filles, au premier coup d'œil. Or, de Sommes a bon goût...

— Témoin la marquise d'Horbigny, dit en riant le duc de Lauzun.

— Pour en revenir aux nièces, reprit le baron, vous savez qu'elles sont fiancées à d'Herbois et à de Ronneville ?

— Oui ; mais ils vont partir avec M. de Lapeyrouse.

— Deux futures veuves à consoler, Lauzun !

Et les jeunes seigneurs, jouant, babillant, médisant d'autrui, continuèrent à attendre patiemment que le duc de Chartres vînt les rejoindre.

Quelques instants avant que le prince ne parût, un froufrou soyeux accompagné d'éclats de rire sonores retentit dans la salle à manger.

— Voici ces demoiselles ! s'écria Lauzun.

Mlle Duthé fit son entrée dans le salon. Tout un essaim des nymphes de l'Opéra l'accompagnait.

Les gentilshommes reçurent ces demoiselles avec cette familiarité insolente qu'ils trouvaient de bon goût, à cette époque éhontée où on affichait la dépravation et, quelques instants après cette entrée, le comte de Sommes fit son apparition dans le salon.

— Messieurs et mesdemoiselles, dit-il en saluant lentement la joyeuse réunion, j'ai l'honneur de vous présenter un mien ami que je certifie digne, en tous points, de s'asseoir à la table de Son Altesse : M. le marquis Diégo Camparini !

Et le comte, s'effaçant, fit place à un personnage qui s'était glissé doucement à sa suite dans le salon. Ce personnage, vêtu avec un luxe inouï, resplendissait de broderies d'or et de pierreries. Sa physionomie expressive ne manquait pas d'une certaine noblesse, et son regard, fier et assuré, avait quelque chose d'incisif qui en rendait l'éclat presque insoutenable. Sa chevelure, poudrée à blanc, faisait paraître, plus foncé, le ton chaud d'un visage évidemment bruni par le soleil du midi. Sa main était soignée et ses doigts surchargés de bagues admirables.

Le pommeau de son épée était enrichi de diamants, et des pierres de la plus belle eau brillaient sur le jabot en point d'Alençon qui s'échappait par l'ouverture de son gilet de satin blanc brodé d'or et de perles fines. Une jambe, nettement et nerveusement modelée, se dessinait dans un bas de soie blanc à coins dorés, et ses boucles de jarretières, ainsi que celles de ses souliers, éblouissaient par les feux éclatants qui s'en échappaient.

Gentilshommes et courtisans firent au nouveau présenté l'accueil le plus sympathique, et le comte laissa son ami au milieu d'un cercle empressé pour aller rejoindre le duc de Chartres dans le boudoir.

A onze heures, le duc entra dans le salon, et le maître d'hôtel vint annoncer que Son Altesse était servie. La troupe joyeuse passa dans la salle à manger.

Cette salle à manger représentait un bosquet de marronniers avec leurs aigrettes de fleurs et leurs vastes éventails de verdure. La lumière y tombait en pluie d'or par un vitrage supérieur, et aidait au prestige de cette nature artificielle. Les rameaux entremêlés formaient la voûte par où s'infiltrait, au travers de quelques éclaircies, un jour doux et agréable. Sur diverses branches étaient perchés des oiseaux au plus riche plumage. Du pied de chaque tronc s'élevaient, alternativement, un buisson de roses trémières, des lierres et des campanules roses et bleues.

Derrière les marronniers, on voyait une charmille de jasmins, de chèvrefeuilles, de belles de nuit. Les perspectives étaient terminées par des points de vue variés, et diverses ouvertures, pratiquées en arcades, étaient remplies par des glaces qui répétaient les différents aspects de cette salle délicieuse.

Dans un angle, un rocher bizarre, servant de buffet, cachait les musiciens qui instrumentaient sans pouvoir lancer dans la salle le plus léger coup-d'œil. En face de ce rocher une coquille de jaune antique, posée sur un riche piédestal, était garnie d'un gazon semé de violettes, de roses pompons, et au centre duquel s'élevait une gerbe d'eau vive. Çà et là, étaient appendus aux branches, par des chaînes de fleurs et des écharpes de gaze d'or et d'argent, des lustres en bronze doré enrichis de cristaux de roche admirables de netteté et d'éclat.

Lorsque le moment de se mettre à table approchait, à l'instant où les convives apparaissaient, un mécanisme ingénieux faisait fendre le tronc de chaque arbre, dont il sortait aussitôt un satyre et une nymphe tenant à la main une girandole d'or.

Le plancher, en bois des Indes, était incrusté de nacre de perle, d'ivoire et d'ébène. Les sièges étaient des fauteuils garnis au bras, aux soubassements et aux dossiers, de guirlandes de fleurs finement sculptées et admirablement peintes. Des servantes nombreuses, des jeux mécaniques habilement distribués, rendaient inutile la présence de valets dont on pouvait avoir à redouter la curiosité et l'indiscrétion.

Au moment où tous entraient, le comte de Sommes passa par une porte opposée.

— Picard est parti, dit-il en passant derrière le duc de Chartres.

Le prince fit un signe de satisfaction. Le comte était près du seigneur Camparini.

— C'est fait ? murmura-t-il à son oreille.

— Va bene, répondit Camparini en italien.

Puis il ajouta en français, mais sans presque remuer les lèvres :

— Je me charge du reste ; pense à la réplique.

Tous les convives avaient pris place, chacun s'asseyant à sa guise et choisissant, suivant ses goûts, son voisin ou sa voisine.

Le service était dressé ; aucun valet ne circulait derrière les convives ; seulement, à la droite de chacun d'eux, une feuille du parquet glissa, et, par l'ouverture, s'éleva une servante chargée de mets. Aussitôt une musique douce se fit entendre, les troncs des arbres se fendirent, et des flots de lumière se répandirent dans la salle à manger.

— Eh ! signor Camparini, cria le duc avec ce laisser aller de ton et de manières qui scandalisait si fort la cour de Versailles, vous êtes Napolitain, Toscan ou Romain?

— Ce qu'il vous plaira, monseigneur, répondit l'ami du comte de Sommes. Je suis né à Naples, le jour d'une irruption du Vésuve ; mon père était Romain et ma mère Florentine. J'ai été baptisé dans la ville sainte et élevé dans la cité des Médicis, et, jusqu'à cette heure, j'ai passé un tiers de ma vie dans chacune de ces villes.

— Bien répondu ! s'écria en frappant des mains le duc de Lauzun.

— Qui sait ? ajouta Mlle Duthé en montrant ses dents blanches, le signor marquis a peut-être même été marié dans chacune de ces capitales?

— Cela est vrai, Mademoiselle, répondit froidement Camparini.

— Hein, fit le duc en riant, vous vous seriez marié trois fois ?

— Tout autant, monseigneur.

— Vous avez eu trois femmes !

— Hélas ! oui.

— Le marquis les a peut-être même encore ! cria le comte d'Ogny.

— Je crois qu'il ne m'en reste plus que deux, répondit Camparini d'un ton piteusement amusant.

— Comment, plus que deux ! fit le baron de Cadore ; est-ce que vous auriez été marié trois fois en même temps, par hasard ?

— Mon Dieu, oui !

— Ah ! fit-on de toutes parts en se récriant.

Le marquis italien ne sourcilla pas ; il paraissait

même ne pas comprendre le sentiment de surprise manifesté par ses auditeurs.

— Mais, dit le duc de Chartres en reprenant son sérieux, si vous avez été marié trois fois du vivant de vos trois femmes, vous avez été doublement bigame, et, dès lors, vous auriez dû être, au moins, pendu une fois.

— Je l'ai été deux fois...

— Pendu ?

— Oui, monseigneur.

Un hourra accueillit cette déclaration inattendue faite de la voix la plus calme, et du ton d'une personne traitant un sujet fort sérieux.

— Comment, seigneur marquis, reprit Mlle Duthé en ne sachant pas trop si elle devait rire ou s'effrayer ; comment, vraiment, vous avez été pendu deux fois ?

— Une fois à Florence et l'autre fois à Rome, répondit Camparini avec un gracieux sourire.

— Et cela ne vous a pas guéri du mariage ? dit le duc en riant aux éclats.

— Si peu guéri, monseigneur, que je suis prêt à me marier une quatrième et même une cinquième fois ; car, tel que vous me voyez, je suis amoureux fou.

— Et de qui ?

— De deux jeunes filles charmantes !

— Peste ! vous autres Italiens, vous allez bien, quand vous vous y mettez. Allons, signor Camparini, je bois à vos amours ! Faites-moi raison, morbleu ! et confiez-nous les noms de vos futures femmes !

— La connaissance de ces noms se lie intimement à l'histoire de mes précédentes pendaisons, répondit l'Italien avec un sang-froid inaltérable.

— Eh bien ! contez-nous cela.
— Monseigneur le désire ?
— Nous écoutons.

Et le duc frappa sur un timbre placé à sa portée. Aussitôt la musique cessa de se faire entendre et le silence régna dans la salle.

Chaque convive avait les yeux tournés vers le singulier ami du comte, et tous ces regards sceptiques et railleurs eussent certes intimidé un narrateur ordinaire ; mais le signor Camparini parut flatté plutôt que gêné par l'attention générale concentrée sur lui.

C'était à ce moment que le marquis d'Herbois et le vicomte de Renneville, après avoir vainement exploré l'allée couverte, commençaient à sentir naître leur inquiétude, et se décidaient à fouiller le jardin jusque dans ses moindres massifs.

— Monseigneur et Messieurs, commença l'Italien, il n'est peut-être personne d'entre vous qui ait entendu parler de la Madone de Brest ?...

III

UN SOSIE

Tandis qu'à deux des extrémités de la capitale se passaient deux scènes aussi différentes et cependant convergeant toutes deux vers un même but, l'intérêt des mêmes hommes : une troisième, toute aussi importante que celles que nous venons de rapporter, s'accomplissait au centre de Paris, dans le cabinet de M. le lieutenant de police. Revenu de Versailles à neuf heures du soir, M. Lenoir avait fait appeler, dans son cabinet, deux de ses agents subalternes : Fouquier et Henriot, puis il avait demandé Jacquet.

Les trois personnages étaient successivement arrivés, se rendant avec empressement aux ordres du magistrat suprême. M. Lenoir avait entraîné Jacquet dans l'embrasure de la fenêtre, lui avait parlé longuement, puis ensuite il avait quitté la pièce, laissant l'agent principal seul avec les deux employés en sous-ordre. Un quart d'heure après, M. Lenoir était rentré. Fouquier et Henriot n'étaient plus là.

— Les ordres sont transmis ? demanda le lieutenant de police.

— Oui, monseigneur, répondit Jacquet. Ces deux hommes vont s'embusquer, l'un rue du Chaume, à l'entrée de l'hôtel de Niorres, l'autre rue Sainte-Avoye, à la petite porte du jardin.

— Il ne faut pas que Saint-Jean leur échappe !

— Il ne leur échappera pas, monseigneur ; les ordres sont donnés en conséquence. Ils le suivront partout où il ira.

— Et rien de nouveau ne s'est passé chez le conseiller depuis le dernier attentat que nous connaissons ?

— Absolument rien, monseigneur.

Le lieutenant de police paraissait vivement préoccupé : il fit quelques tours dans la pièce sans proférer une parole ; puis, revenant vers Jacquet :

— Le roi m'a encore parlé aujourd'hui de ces crimes commis chez M. de Niorres, dit-il. Sa Majesté ne m'a pas caché son mécontentement. Il nous faut absolument une solution, monsieur Jacquet ; je l'ai promise au roi. Ces crimes et cette ténébreuse affaire de ce collier de diamants que Bœhmer prétend avoir vendu à la reine, mettent en jeu mon influence à la cour. Je ne vous le cache pas, Jacquet, je suis sur le bord d'un abîme, et si je tombe, mes principaux agents ne resteront pas debout !

— Mon attachement pour monseigneur n'a pas besoin d'un double intérêt personnel pour être inaltérable, dit l'agent en s'inclinant.

— Il faut à tout prix donner satisfaction au roi ; la réussite de nos combinaisons, dans l'une de ces affaires, doit nous servir dans le cas où nous viendrions à échouer dans l'autre. Celle du collier de diamants est grave, mais elle est encore tellement obscure, tellement embrouillée, que nous ne pouvons espérer en tenir promptement les fils ; d'ailleurs, nous ne pouvons marcher sur un prince de Rohan qu'avec des précautions infinies. L'affaire de Niorres est plus facile à couler ; là nous sommes moins gênés. Enfin nous avons des indices.

Jacquet ne répondit pas.

— MM. d'Herbois et de Renneville assument, sur leur tête, toutes les preuves d'une culpabilité effrayante. Ces lettres, ce reçu, que j'ai communiqués au conseiller, semblent m'avoir apporté les témoignages les plus irrécusables...

— Cela est vrai, monseigneur, dit Jacquet. Cependant...

— Cependant quoi ? fit brusquement M. Lenoir en voyant l'agent hésiter à parler.

— Je ne crois pas coupables ces deux gentilshommes.

— Hein ? dit le lieutenant de police avec stupéfaction. Les rapports que j'ai reçus seraient-il donc faux ?

— Non, monseigneur. Je ne prétends pas cela.

— Alors, que prétendez-vous ?

— Rien, malheureusement, de positif; seulement ma conviction intime est que le marquis d'Herbois et le vicomte de Renneville sont innocents des crimes dont l'esprit public les accuse.

— Mais toutes les preuves sont contre eux, et vous-même m'en avez apportées.

— Je le sais, monseigneur, mais que voulez-vous ? je doute !

— Pourquoi ?

— Leur conduite privée, conduite que j'étudie avec une attention extrême, n'est pas celle de deux assassins.

— Seraient-ce les premiers criminels habiles que vous eussiez rencontrés, monsieur Jacquet ?

— Sans doute, monseigneur, je fais la part de l'habileté, et cependant...

— Hier vous ne parliez pas ainsi !

— Hier, j'étais convaincu comme vous, monseigneur, de la culpabilité des deux jeunes gens.

— Et aujourd'hui votre conviction est changée ?

— Absolument.

— Encore une fois, sur quoi vous basez-vous ?

— Sur aucun fait positif, j'ai la douleur de le répéter.

M. Lenoir examina son agent avec une attention extrême. Plongeant ses regards dans les yeux de M. Jacquet, il parut essayer de percer à jour l'impassibilité de glace dont se couvrait ordinairement le visage de cet homme comme d'un voile impénétrable.

— Que s'est-il donc passé ? demanda le lieutenant de police d'une voix grave. Je vous connais trop, monsieur Jacquet, pour m'en rapporter à vos convictions présumées. Ces convictions, si elles existent réellement dans votre esprit, doivent avoir un motif sérieux, une cause que vous tenez cachée. Depuis deux mois que vous vous occupez tout spécialement de l'affaire de Niorres, jamais je ne vous ai vu hésiter : les coupables, selon vous, comme selon beaucoup d'autres, étaient le marquis d'Herbois et le vicomte de Renneville. Vos derniers rapports sont précis à cet égard, et voilà que tout à coup, sans motif apparent, vous changez d'opinion, et vous ne vous appuyez sur aucune autre raison, pour motiver ce changement si brusque et si étrange, que sur des pensées qui paraissent vous être propres. Allons donc! monsieur Jacquet! Ou vous jouez devant moi une singulière comédie, ou vous cachez à la police une vérité que votre devoir ne vous permet pas de céler. Donc, expliquez-vous nettement, je le veux!

Jacquet, en dépit de sa froideur ordinaire, paraissait vivement ému, et ses yeux baissés vers le tapis, semblaient indiquer un sentiment de honte auquel son âme était en proie.

— Monseigneur, balbutia-t-il, épargnez-moi!

— Vous épargner! s'écria M. Lenoir. Comment? pourquoi? à quel propos? Qu'avez-vous donc fait?

— Monseigneur, je suis... déshonoré!

M. Lenoir haussa les épaules.

— Pas de phrases! dit-il. Au fait! Parlez! Qu'y a-t-il?

Jacquet parut faire un effort sur lui-même.

— Monseigneur, reprit-il après un moment, depuis vingt-quatre heures je ne vis plus; je suis dans un état de surexcitation morale que rien ne saurait rendre; je crois que si cela continuait, je deviendrais fou...

— Mais morbleu! interrompit le lieutenant de police avec impatience, qu'y a-t-il donc?

— Il y a que moi, Jacquet, l'un de vos agents les plus actifs et les plus intelligents, j'ose le dire, j'ai été joué, trompé, dupé, bafoué comme un véritable imbécile! Oui, monseigneur, j'en rougis de honte, j'en tremble d'indignation et de colère, mais cela est ! Il existe à Paris, dans le sein de la capitale du royaume, une bande redoutable, admirablement organisée, qui se moque de l'administration dont j'ai l'honneur de faire partie.

M. Lenoir regarda Jacquet avec stupéfaction.

— Continuez, dit-il d'une voix brève. Les preuves ?

— Monseigneur, reprit Jacquet, il y a un homme qui a poussé l'audace et l'impudence jusqu'à se faire mon Sosie !

— Votre Sosie.

— Oui ! Il existe à cette heure deux Jacquet, deux Jacquet employés par monseigneur et agissant tous deux cependant en sens diamétralement opposé. L'un, celui qui vous parle et dont vous connaissez le dévouement à son devoir. L'autre, affilié à une bande jusqu'ici inconnue, et faisant croire aux intéressés que la police est d'accord avec certains criminels. Oh ! je comprends votre étonnement, monseigneur ! Celui que j'ai ressenti, en découvrant cette trame ourdie avec une si infernale habileté, a failli me faire perdre la raison.

— Quelle est cette bande dont vous me révélez l'existence ? Quelle est cette trame ourdie contre vous ? demanda M. Lenoir. Comment avez-vous découvert ce que vous m'apprenez, et comment un homme peut-il vous ressembler au point de se faire passer pour vous-même ?

— Cet homme, répondit Jacquet, n'a d'autre ressemblance avec moi que celle de la taille et celle de la voix, mais cela lui suffit. Le drôle m'a étudié. Pour parvenir à mieux tromper les regards, il ne se montre jamais qu'affublé de l'un de mes déguisements favoris. Il a mes perruques, il possède ma façon de me grimer, enfin, déguisé, c'est un autre moi-même, et cela, monseigneur, à tel point qu'il a pu donner le change à ceux qui me connaissent le mieux, qui me voient chaque jour, aux agents qui sont sous mes ordres !

— Vous êtes fou, monsieur Jacquet ! s'écria le lieutenant de police avec colère. Que me contez-vous là !

— L'exacte vérité, monseigneur.

— Quoi ! vous, Jacquet, vous l'agent le plus adroit, le plus rusé de mon administration, vous vous laisseriez jouer ainsi en plein Paris, quand vous avez deux cents hommes sous vos ordres, quand vous tenez dans vos mains une partie de la puissance dont je dispose ! Allons donc ! Ou vous êtes fou, je le répète, ou vous voulez m'en imposer !

— Monseigneur, reprit vivement Jacquet avec une véhémence prouvant jusqu'à quel point le blessait l'opinion émise par son chef, cet homme dont je vous parle a trompé Fouquier, Henriot et tous les croupiers de l'Enfer ! Maintenant, vous savez quel rôle joue dans l'affaire du marquis d'Herbois et du vicomte de Renneville, ce Roger, sorte d'usurier dont la caisse est ouverte aux deux gentilshommes ?

— Celui qui leur a fait faire cet emprunt dont j'ai là la minute ?

— Oui, monseigneur, celui-là même. Vous savez aussi quel est ce soi-disant ami de Cagliostro qui, suivant la comtesse de La Mothe, aurait servi d'intermédiaire entre elle et la reine pour l'affaire du collier de Bœhmer ?

— Un nommé Michel ?

— Précisément.

— Eh bien ! êtes-vous enfin sur ses traces ? avez-vous découvert...

— Rien, monseigneur, si ce n'est que ce Roger que nous ne pouvons connaître, que ce Michel que toute la police n'a pu encore saisir, n'est qu'un seul et même homme qui, aux yeux de beaucoup de gens, passe pour le très-humble serviteur de monseigneur.

— C'est celui-là que vous accusez de s'être fait votre Sosie ?

— Je l'accuse parce que je suis certain du fait !

— Voilà qui est étrange ! murmura le lieutenant de police en témoignant l'agitation la plus vive. Quoi ! cette affaire de Niorres, cette affaire du collier de la reine auraient un lien mystérieux ? Un même individu tramerait dans l'ombre ces crimes et nous ne pourrions arriver à faire la lumière ? Oh ! la police en France est donc bien mal organisée !...

— Bien plus ! continua Jacquet en se rapprochant de son chef. Monseigneur se rappelle qu'en ce qui concerne l'histoire de la petite fille de Bernard le teinturier, l'affaire de la jolie mignonne, il m'avait ordonné d'arrêter le cours des choses et, au besoin, de payer le silence du teinturier et celui de sa femme, d'une promesse du titre d'échevin aux premières élections ?

— Sans doute.

— Comment le faux Jacquet est-il parvenu à savoir ce que vous aviez confié à cet égard ? Voilà ce que j'ignore, mais voilà ce qui est !

— Quoi ! L'homme dont vous parlez a su ce que je

vous avais dit à Versailles, dans mon cabinet, seul à seul avec vous, au sujet de Bernard ?

— S'il ne l'a pas su, il l'a deviné, monseigneur. Pour arriver à Bernard, j'avais résolu d'employer un artifice : l'intermédiaire de deux de ses amis m'était absolument utile. Ces deux amis sont deux bons bourgeois, messieurs Gorain et Gervais. Eh bien ! quand j'ai voulu nouer cette intrigue, j'ai trouvé nos lignes déjà coupées, sur ce terrain, avant qu'elles ne fussent même établies. Ce Roger s'est fait l'ami, le compagnon, le protecteur de ces deux imbéciles. Il leur a promis monts et merveilles. Quand j'ai découvert cela, j'ignorais encore que ce Roger se fît passer pour moi-même. Voulant avoir des renseignements précis sur son individualité, par rapport au rôle qu'il jouait près des deux bourgeois, j'ai choisi mes meilleurs hommes, mes plus fins limiers, et je les ai lancés sur la piste. Voici leurs rapports !...

Jacquet prit une liasse de papiers qu'il déposa sur le bureau du lieutenant de police.

— Tous concluent de même, continua-t-il d'une voix légèrement altérée. Tous ont été trompés, tous ont cru que j'avais voulu surveiller leur conduite, leur tendre un piège pour m'assurer de leur adresse et de leur fidélité, et tous terminent en prétendant que ce n'est pas à eux qu'il appartient de juger les actes de M. Jacquet. Tous ont pris pour moi ce Roger ! Voyez ! voici huit rapports différents et huit conclusions identiques ! Ce Roger serait le diable en personne que cela ne m'étonnerait pas. En se faisant passer pour moi, il a su échapper à la plus active surveillance. Et ce n'est pas tout encore ! Avant-hier, au Palais-Royal, dans le jardin, Fouquier l'a vu ce Roger, lui a parlé et s'est retiré convaincu qu'il avait eu affaire à moi !

— Mais cet acte d'emprunt que vous m'avez remis et dans lequel ce Roger a été spécifié pour avoir joué le rôle de courtier ? s'écria M. Lenoir qui écoutait, sans savoir s'il devait croire ou non le rapport de M. Jacquet.

— Cet acte m'a été remis aujourd'hui à dix heures du matin, par Henriot.

— Qui le lui avait donné ?

— Le Juif Weiller, ou celui passant pour tel.

— Mais il fallait voir ce juif.

— Je le quitte à l'instant.

— Eh bien ?

— Eh bien, monseigneur, ou cet homme est dupe ou c'est le plus rusé coquin, le plus dangereux bandit en présence duquel je me sois jamais trouvé.

— Mais il existe donc une infernale machination organisée avec une habileté surhumaine ? s'écria M. Lenoir en frappant du poing son bureau avec un geste furieux.

— Ce Weiller, continua Jacquet, m'a parfaitement reçu, et bien que je ne me fusse pas nommé, il m'a appelé, tout d'abord, son cher monsieur Roger. Quand j'ai voulu le faire parler, il a souri et a cligné les yeux en me faisant un signe de cordiale entente. Je lui ai dit qu'il se trompait, que je ne m'appelais pas Roger. Il a souri encore. « Je me nomme Jacquet, ai-je dit brusquement, et je suis employé de M. le lieutenant de police. — Bien ! bien ! a-t-il répondu, je comprends. »

C'est en vain que je lui ai fait observer qu'il ne comprenait pas du tout, il a conservé son air entendu. Alors, quoi que j'aie pu faire ou dire, il a obstinément déclaré qu'il savait parfaitement à qui il avait affaire, qu'il me connaissait, et bien que je ne fusse pas, cette fois, déguisé en M. Roger, il était impossible de se méprendre. Il a ajouté que j'avais tort de me méfier de lui, qu'il était entièrem[en]t dévoué à ma personne et à celle de monseigneur le lieutenant de police, qu'il avait toujours su que l'homme avec lequel il avait de si fréquentes relations était moi-même, et que ce n'était que, dans l'espoir d'être agréable à monseigneur, en accédant à mes volontés, qu'il s'était décidé à prêter plusieurs fois au marquis d'Herbois et au vicomte de Renneville. Enfin il a remis l'acte en question à Henriot, a-t-il dit encore, parce que je lui avais, la veille, donné l'ordre de me le faire adresser par cet agent !

— Ce que vous me racontez là est tellement étrange, monsieur Jacquet, dit le lieutenant de police, que je ne puis ajouter foi à la véracité de vos paroles.

— Je dis vrai, monseigneur ! pourquoi mentirais-je ?

Il y eut un moment de silence : puis M. Lenoir dit :

— Si l'on faisait arrêter ce Weiller ?

— C'est fait, répondit vivement Jacquet.

— Ah ! fit M. Lenoir avec étonnement.

— J'ai cru pouvoir prendre sur moi, ajouta vivement Jacquet, d'agir dans une telle circonstance sans les ordres de monseigneur. Il ne fallait pas que Weiller eût le temps de prévenir ses complices, s'il en a, ou ses mystificateurs s'il est innocent.

— Et où est-il ?

— A la prison de la Force, depuis une heure.

— Nous le verrons cette nuit. Et quelle est cette bande à laquelle vous pensez qu'est affilié ce M. Roger?

— Je n'ai aucun indice sérieux à cet égard ; mais cette bande existe, je la sens, je la devine : mon instinct ne me trompe pas.

— Et vous m'affirmez, Jacquet, que ce Roger de l'affaire d'Herbois et de Renneville, et ce Michel de l'affaire La Mothe, ne font qu'un seul et même personnage ?

— Je l'affirme, monseigneur.

— Quelles preuves avez-vous ?

— Toujours les mêmes, monseigneur, et ces preuves sont irrécusables. Des agents chargés de poursuivre Michel m'ont fait les mêmes rapports que ceux auxquels j'avais ordonné de surveiller M. Roger. Aux mêmes lieux, aux mêmes heures : c'était le même homme.

— Comment ! il va ainsi sous deux noms différents sans transformer son personnage ?

— Oui, monseigneur, et cette certitude m'a confondu. Un homme aussi habile ne peut commettre une pareille balourdise sans intention ; il faut que Michel ait intérêt à être pris pour Roger et Roger à se laisser prendre à jouer un double rôle. Pourquoi ? Je suis obligé de laisser encore cette question sans réponse !

— Mais, dit le lieutenant de police en revenant au début de la confession de Jacquet, est-ce donc parce qu'un homme s'est fait fort habilement passer pour vous que vous considérez MM. d'Herbois et de Renneville comme dégagés de l'accusation qui pèse sur eux ?

— Oui, monseigneur.

— Cela cependant, monsieur Jacquet, ne prouve absolument rien en leur faveur.

— Permettez, monseigneur. Ce Roger les pousse évidemment dans un piège. Cet acte d'emprunt, sa remise entre vos mains en se servant de mon intermédiaire forcé, le prouve clairement.

M. Lenoir n'écoutait plus l'agent. Se promenant dans son cabinet avec une agitation qu'il ne parvenait à comprimer qu'à grand'peine il essayait de faire jaillir la lumière au milieu de ces ténèbres épaisses qui entouraient l'affaire dont il s'occupait si activement. Il comprenait parfaitement que quelque malfaiteur habile se fût mis à l'abri en se faisant passer pour l'un des principaux agents de l'administration de la police. Il avait des preuves de ce fait et il ne le mettait plus en doute, mais, rien ne lui démontrait aussi clairement, que les deux jeunes gentilshommes ne fussent pas les auteurs présumés des crimes accomplis.

Ensuite une autre affaire, bien plus grave pour le magistrat, le préoccupait depuis plusieurs semaines avec une insistance ne lui accordant aucun repos. Cette affaire était celle qui devait, quelques mois plus tard, occasionner un si effroyable scandale sous le titre de : Procès du collier.

Ce vol de diamants commençait à faire un bruit redoutable autour du trône. Les ministres, les conseillers du roi voulaient voir, à toute force, dans cette déplorable affaire une trame ourdie contre le respect dû aux souverains. C'était pour eux une question politique. M. Lenoir était de cet avis, et les libelles sortis chaque matin du Palais-Royal lui faisaient supposer, dans ce tumulte calomnieux fait autour du nom de la reine, la complicité du duc de Chartres, l'un des ennemis les plus acharnés de Marie-Antoinette.

Revenant donc insensiblement aux pensées qui le préoccupaient le plus vivement, il chercha à trouver un point de contact entre la politique et le rapport étrange qu'il venait d'entendre. Ce Roger, ce Michel, en se faisant l'ami de MM. Gorain et Gervais, en se faisant passer pour l'un des employés du gouvernement, en se mêlant aux intrigues de la comtesse de la Mothe, n'avait-il pas en vue la réussite d'un projet révolutionnaire à laquelle il contribuerait comme l'un des membres d'une conspiration sourdement et habilement organisée ?

Mais dans quel but cet homme agissait-il contre MM. d'Herbois et de Renneville ? Quel intérêt pouvait-il avoir à la perte des deux gentilshommes ?

Bientôt M. Lenoir en arriva à écarter cette supposition et ce fut vers les ennemis de la reine que se reportèrent son attention et ses pensées.

Jacquet, n'osant troubler les rêveries de son chef, attendait en silence. En ce moment on gratta à la porte du cabinet du lieutenant de police. M. Lenoir fit signe d'ouvrir : Jacquet se précipita. Un secrétaire parut sur le seuil de la pièce.

— Picard demande à parler à monseigneur.

— Le courrier du duc de Chartres ! fit M. Lenoir en tressaillant brusquement, car l'arrivée inattendue de cet homme concordant avec les pensées qui dominaient son esprit, lui parut de l'augure le plus favorable pour ce qu'il désirait si avidement apprendre.

— Faut-il introduire ? demanda le secrétaire.

— Oui, oui ! dit vivement le lieutenant de police, qu'il entre. Jacquet, attendez mes ordres dans le parloir ; je vous ferai prévenir dès que j'aurai besoin de vous.

Jacquet sortit aussitôt. M. Lenoir ouvrit un tiroir de son bureau, prit un rouleau d'or et le plaça sur la cheminée. Le courrier entrait : il était en tenue de route. Il s'avança vers le lieutenant de police, salua, et, sans prononcer une parole, lui tendit une lettre. C'était celle que le comte de Sommes venait de faire signer au prince.

M. Lenoir prit d'une main la missive et de l'autre jeta au courrier le rouleau d'or. Picard empocha lestement le rouleau, salua, se recula et sortit.

Dès qu'il fut seul, M. Lenoir ferma rapidement les verrous des portes et revint vers son bureau devant lequel il s'assit. Une bougie parfumée brûlait dans un élégant bougeoir. M. Lenoir fouilla dans un tiroir et y prit un instrument étroit, long et plat de forme, monté sur un manche d'ébène et dont il présenta la lame à la flamme.

Alors, procédant de la même façon que nous avons vu faire Saint-Jean la nuit précédente, dans les cuisines de l'hôtel de Niorres, le lieutenant de police coupa nettement la cire du cachet et enleva ce cachet avec une habileté qui devait permettre de refermer la lettre sans laisser la moindre trace de violation. Cette opération délicate achevée M. Lenoir prit le papier renfermé dans l'enveloppe, l'ouvrit et le lut avec une attention extrême.

— Le duc de Chartres mêlé à tout cela ! s'écria-t-il en se frappant le front. J'en étais certain ! Partout d'où part un trait lancé contre la reine, on trouve une main habituée à toucher celle de son Altesse ! Quel rapport peut-il exister entre le duc et ce Fouché ?... Fouché !.. répéta-t-il après un moment de silence et comme s'il cherchait dans ses souvenirs. Qu'est-ce donc que cet homme ?... Un oratorien, je crois... oui, un professeur au collège de Juilly, je me le rappelle !... Une âme ardente, un partisan des nouvelles maximes... un ami de Danton, l'avocat populaire !... c'est bien cela !... Le duc de Chartres vise à s'entourer de ces gens, ennemis déclarés de la noblesse... Ce Fouché est l'un des agents du duc !... Mais que va-t-il faire là où il se rend ?...

« Prétexte de l'enfant !... continua le lieutenant de police en relisant la lettre. Songer à la R*** !... » Que veulent-ils donc tenter encore contre Sa Majesté ? Oh ! il faut à tout prix que je sache...

M. Lenoir s'arrêta, et, appuyant son front brûlant dans ses mains, il parut chercher à combiner tout un plan de conduite.

— Je saurai la vérité ! dit le lieutenant en se redressant, et cette machination nouvelle échouera, je le jure !

Et, reprenant la lettre, il se mit à la relire avec une attention plus vive encore.

Quand M. Lenoir eut terminé sa lecture, il réfléchit, puis, avant de refermer la missive, il prit un papier extrèmement mince, l'appliqua sur celui de la lettre et décalqua soigneusement l'écriture.

Serrant ce papier dans un tiroir et remettant toutes choses en état, il tira l'un des six cordons de sonnette, placées au-dessus du bureau et appendues le long de la muraille. Chacune des torsades avait sa destination particulière, car chaque cordon était de nuance différente et correspondait à un mouvement différent.

— Jacquet! dit laconiquement M. Lenoir à un valet qui entra par une porte opposée à celle qui avait servi à l'introduction du courrier.

Le valet disparut et M. Lenoir, se penchant sur son bureau, se mit à écrire rapidement.

Jacquet entra presque aussitôt.

— Vous allez monter à cheval et partir sur l'heure, sans tarder d'une minute, dit le lieutenant de police sans interrompre son travail.

— Et je vais?... demanda Jacquet.

— A Arpajon d'abord, ensuite... peut-être plus loin. Je vais vous donner les instructions utiles en chiffres. Prenez la grille n° 30.

— Bien, monseigneur; serai-je longtemps absent?

— Je l'ignore; cela dépend de la mission importante que je vais vous confier.

— Monseigneur veut-il me permettre de lui faire observer que, si je quitte Paris, je ne pourrai poursuivre l'affaire...

— Je la ferai poursuivre pour vous, interrompit le lieutenant de police; ce départ rentre admirablement dans mes vues. Un autre a pris votre identité, dites-vous? Eh bien! votre absence fera forcément découvrir celui-là; car personne ne vous croyant parti, votre Sosie continuera à jouer votre rôle, et, dès cette nuit, je vais donner l'ordre de vous arrêter à Paris.

— Oh! je comprends, dit vivement Jacquet, le coup est immanquable.

M. Lenoir se leva et remit à Jacquet le papier sur lequel il venait d'écrire. Ce papier était fermé avec un cachet de cire.

— Vous ouvrirez ce paquet avant d'entrer à Arpajon, dit-il. Il faut que vous soyez en vue de la ville avant trois heures du matin. Exécutez alors les ordres, dont vous aurez pris connaissance, avec la plus scrupuleuse exactitude. Allez; il faut, dans cette affaire, du zèle, de la ruse, de l'esprit d'intrigue; je crois pouvoir compter sur vous.

— Je justifierai la confiance de monseigneur, dit Jacquet en s'inclinant.

L'agent sortit; le lieutenant de police sonna une seconde fois.

— Picard, dit-il au secrétaire qui ouvrait l'autre porte.

Le secrétaire fit un signe adressé à l'extérieur, s'effaça et laissa passer le courrier.

— Personne ne t'a vu entrer par la porte secrète? demanda M. Lenoir.

— Personne, répondit Picard.

— Alors reprend ta missive et continue ta route. Rien à faire; va!

Le courrier s'élança et disparut à son tour.

Onze heures un quart sonnaient à la pendule rocaille placée au-dessus de la cheminée.

En ce moment, une troisième porte dissimulée dans la tenture tourna discrètement sur ses gonds, et une tête passa par l'entrebâillement.

— Pick, dit vivement le lieutenant de police.

L'agent se glissa dans le cabinet.

— Monseigneur, dit-il vivement, le marquis d'Herbois et le vicomte de Renneville sont en cet instant dans les jardins de l'hôtel de Niorres. Ils se sont introduits à l'aide d'une fausse clef que le marquis a fait faire après avoir pris l'empreinte de la serrure de la porte du jardin.

— Vous êtes certain de cela? s'écria M. Lenoir.

— Voici la déposition du serrurier qui a exécuté cette commande ; voici l'empreinte en cire qui lui avait remise le marquis, et qu'il a dit avoir perdue afin de me la conserver.

Pick présenta au lieutenant de police les deux objets.

— Et ils sont dans les jardins de l'hôtel? reprit M. Lenoir.

— Ils s'y sont introduits furtivement un peu avant onze heures. Un homme, que je crois être attaché à leur service, veille à la porte du jardin, prêt à protéger leur sortie. Une voiture tout attelée attend rue du Grand-Chantier. Il s'agit, très certainement, d'une violation de domicile et d'un rapt. J'ai laissé, apostés, des agents avec les ordres les plus détaillés et les plus précis. L'hôtel, les jardins sont placés sous une surveillance des plus actives...

— Très bien, fit M. Lenoir en voyant que Pick attendait une approbation pour ce qu'il avait fait.

— Que décide maintenant monseigneur?

— Prenez des agents supplémentaires avec vous ; retournez à l'hôtel de Niorres, et, s'il y a délit ou crime... arrêtez les coupables. Voici les ordres en blanc. Allez, monsieur. Il faut enfin que cette horrible affaire ait un terme... Demain Sa Majesté doit connaître l'arrestation des vrais coupables.

Pick fit un mouvement pour sortir ; M. Lenoir l'arrêta du geste.

— Demain, dans la matinée, dit-il, vous arrêterez M. Jacquet.

— Jacquet ? s'écria l'agent de police en tressaillant brusquement.

— Jacquet ! répéta fermement M. Lenoir ; vous me l'amènerez vous-même demain ; voici l'ordre.

III

LE PENDU

L'heure à laquelle M. Pick pénétrait dans le cabinet de M. Lenoir et lui annonçait ce qui se passait dans le jardin de la rue du Chaume, était précisément celle où le signor Camparini, dans tout le feu d'une narration bizarre, tenait cependant en haleine les convives tant soit peu blasés du duc de Chartres.

— Monseigneur et Messieurs, avait dit le marquis, il n'est peut-être personne d'entre vous qui ait entendu parler de la Madone de Brest ?

— La Madone de Brest, avait répondu le duc de Lauzun. Qu'est-ce que cela ?

— C'était, dit l'Italien, une femme charmante, adorable, et que je regrette amèrement. Ce fut ma première compagne...

— Ah ! c'est pour elle que vous avez peut-être été pendu une fois ? fit le duc de Chartres en riant.

— Précisément, monseigneur. Et quand je songe à

cette pauvre chère belle, je ne regrette pas ces moments difficiles que j'ai passés cependant par sa faute. La Madone était Florentine, et, avant de venir s'installer à Brest, elle avait passé sa première jeunesse en Italie. Per dio ! Messieurs, jamais plus beaux yeux n'avaient allumé plus d'incendies dans les cœurs des promeneurs des Caccines alors qu'elle passait le soir enveloppée dans sa mante. Je la vis deux fois, c'est vous dire que j'en devins fou à lier.

— Peste ! monsieur le marquis, interrompit Mlle Duthé en riant, vous avez le cœur plus ardent que votre Vésuve.

— Peuh ! fit l'Italien, le Vésuve est cendre et je suis tout lave. Donc je devins fou de la Madone, et sans consulter ma famille (car j'étais libre de ma personne et de mes biens) je résolus de l'épouser.

— Vous étiez jeune ? demanda le prince.

— J'avais dix-huit ans. C'est ce qui explique ma sottise, car je l'accomplis et je devins l'heureux époux de la Madone...

— Vous fûtes heureux ?

— Hélas ! mon bonheur dura peu. Au bout de trois mois, je m'aperçus, avec une désolation profonde que, la Madone et moi étions nés pour vivre loin l'un de l'autre. Cette révélation ne m'abattit point, je pensai à mettre entre nous une distance raisonnable... voilà tout.

— Très bien pensé ! dit le baron de Cadore en riant.

— Et que répondit la Madone alors que vous lui fîtes cette gracieuse proposition ? demanda le duc de Lauzun.

— Elle me dit qu'une femme ne devait pas avoir d'autre volonté que celle de son mari, et, pour la première fois depuis notre union, nous fûmes d'accord. Elle ajouta même que c'était à elle de partir, qu'elle avait fort envie de voyager... et une foule d'autres excellentes raisons. Loin de contrarier ses projets, je la conduisis moi-même à Civita-Vecchia. Un navire partait pour la France, nous nous embrassâmes et deux heures après nous ne pensions plus l'un à l'autre, ce dont nous nous confessâmes plus tard.

— Vous la revîtes donc? demanda l'un des convives.

— Oui. D'abord peu de temps avant ma première pendaison et, ensuite, après la seconde. Demeuré seul, je voyageai dans le midi de la Péninsule. Les années s'écoulèrent. J'étais fixé à Rome. Un soir (le soir m'a toujours porté malheur) je rencontrai une femme... extraordinairement belle : le type romain dans toute sa pureté...

— C'est nous dire que vous en devîntes fou à lier, interrompit la Duthé.

— Justement, belle dame. J'ai la mémoire courte, je l'avoue. Il y avait trois années que je n'avais vu ma femme, j'oubliai que j'avais été marié jadis... et j'épousai ma nouvelle conquête.

— Et cette fois vous fûtes heureux ?

— Parfaitement heureux, monseigneur, mais lorsque la mauvaise chance s'acharne après un homme, elle le poursuit sans se lasser. J'avais parlé à ma seconde femme des beautés de Florence, ma ville natale ; elle voulut aller y passer un printemps ; j'eus la faiblesse de consentir. Par une fatalité étrange, la Madone voyageait alors en Toscane. Nous nous rencontrâmes ! Des indiscrets parlèrent de la scène qui eut lieu entre nous. Je fus arrêté, jugé convaincu de bigamie et condamné à être pendu ! La Madone, par excès de sensibilité sans doute, était repartie la veille du jour où devait avoir lieu mon exécution. L'heure fatale sonna... Je passe les détails de l'exécution. Bref ! je fus pendu en dépit de ma qualité de gentilhomme.

— Pendu ! répétèrent les femmes avec effroi.

— Pendu ! dirent les hommes en riant.

— Pendu ! reprit le signor Camparini avec le sérieux le plus complet. Quand je fus mort...

— Oh ! s'écria-t-on sur des tons différents.

— Quand je fus mort, continua le marquis sans se dérider, le bourreau me vendit, ou du moins vendit mon corps à un médecin, lequel faisait des expériences sur les suppliciés. Il en fit de telles sur moi et de si heureuses, que je revins à la vie. J'ai toujours soupçonné le bourreau d'avoir été d'accord avec le médecin et d'avoir laissé croire, à tout le monde et à moi-même, que j'avais rendu le dernier soupir accroché au gibet. Toujours est-il que ce miracle accompli par le digne docteur fit un tel bruit que la fortune accourut et qu'il sut la fixer dans sa demeure. Ma résurrection avait battu la caisse à son profit.

— Et votre femme ? demanda le prince.

— Elle était au couvent et avait prononcé des vœux. Je quittai la Toscane sans ennui, sans embarras, car la justice s'obstinait à me tenir pour mort et je ne cherchai nullement à la faire revenir à un autre avis.

— Trois années nouvelles s'écoulèrent ; j'habitais Naples, un pays adorable... Un soir, en me promenant du côté du Pausilippe...

— Vous rencontrâtes une femme... commença la Duthé.

— Charmante, ravissante... ajouta Lauzun.

— Précisément ! dit le marquis.

— Et vous en devintes fou à lier.

— Comme vous me faites l'honneur de le dire, Mademoiselle.

— Et vous l'épousâtes ?

— Je l'épousai.

— Je demande une variante ! dit le duc de Chartres en riant.

— Elle va venir, monseigneur. Ma troisième femme était excessivement volontaire et avait un désir immodéré de visiter la France. J'accédai volontiers à ce désir. Aucun navire en partance n'était à Naples, il fallait aller nous embarquer à Civita. Dans le premier moment, je pensai, à tort hélas ! que les autorités romaines m'avaient parfaitement oublié, mais je comptais sans cette chance néfaste qui s'acharnait après moi. Je n'avais pas fait dix lieues dans les États Pontificaux, qu'un parent de ma seconde femme me reconnut, me dénonça... et je fus pris, jugé et condamné comme la première fois. Mais j'étais parfaitement tranquille. J'écrivis à Florence à mon sauveur, mon illustre médecin, et j'attendis patiemment. L'avant-veille de mon supplice, l'excellent docteur arrivait à Rome, et sans que je sache comment il s'y prit, il me sauvait cette seconde fois comme la première.

— Ah ! s'écria le duc, voilà un médecin habile et je voudrais pardieu bien le connaître.

— Rien de plus facile, monseigneur.

— Serait-il en France ?

— Il est à Paris.

— Et il exerce la médecine ?

— Non, il vit paisiblement, heureux et calme, cachant son nom italien devenu illustre dans son pays, sous un pseudonyme modeste et éminemment français.

— Bref, il se nomme ?

— M. Roger.

— Et je pourrai le voir ?

— Dès demain si votre Altesse le désire.

— Et il m'affirmera que vous avez été pendu deux fois ?

Le marquis se leva sans répondre, défit sa cravate, rabattit le col de sa fine chemise de batiste et se baissant devant le prince :

— Voici deux témoignages de la véracité de mes paroles, dit-il, regardez, monseigneur !

Effectivement un double collier entourait le cou de l'Italien. La chair était meurtrie, rongée, usée pour ainsi dire, et deux traces indélébiles attestaient bien la pression de la corde.

Chacun regarda avec étonnement. Jusqu'alors on avait pris le récit du signor Camparini pour une plaisanterie joyeuse et personne n'y avait ajouté foi, mais en présence de ces stigmates du supplice, le doute n'était plus permis.

— Ah ça ! dit le duc de Chartres, vous avez donc été réellement pendu ?

— Deux fois, oui, monseigneur, répondit l'Italien.

— Et à la suite de votre seconde pendaison, que devintes-vous ?

— Je quittai l'Italie et je m'embarquai pour l'Espagne. De là je gagnai la France, toujours par mer, et en débarquant à Brest, la première personne que je rencontrai fut la Madone, ma première femme, la cause de tous mes maux. Elle était plus jolie que jamais, je n'ai jamais eu de rancune ; je lui racontai mes histoires, elle rit beaucoup d'abord, me plaignit un peu ensuite et... que vous dirai-je ? J'oubliai son mauvais caractère. Nous pensâmes que l'avenir devait réparer le passé... nous renouâmes les chaînes de l'hymen un moment brisées.

— Ah ! bravo ! voilà une jolie fin, s'écria Lauzun en riant aux éclats.

— Le ciel lui-même sembla vouloir nous protéger, reprit le marquis, en nous envoyant ce témoignage de sa bénédiction. Un enfant vint resserrer des liens que désormais rien ne pouvait plus anéantir.

— Hein ! fit le comte de Sommes qui n'avait encore rien dit.

— Vous ignoriez que j'avais un fils ? demanda le marquis sans paraître remarquer la stupéfaction qui se peignait sur le visage de son ami. Hélas ! bien d'autres que vous l'ignorent, mon cher comte. Les peines infamantes, subies par moi en Italie, m'interdisaient de donner mon nom à mon fils, et j'eus la douleur de ne pouvoir le reconnaître suivant les lois françaises ; mais des actes, dûment dressés et parfaitement en règle, m'autorisent à dire que cet enfant de la Madone est bien mon fils.

Le comte baissa la tête sous le regard ardent que lui lança le marquis en achevant ces mots.

— Plus tard, reprit celui-ci, je fus assez heureux encore pour assurer, un jour à venir, la fortune de cet enfant. Il y avait alors à Brest un jeune magistrat auquel j'avais sauvé la vie jadis, et qui, ne pouvant me faire accepter la moindre marque de sa gratitude, voulut assurer par un acte... Mais, s'interrompit le narrateur, ceci est en dehors de ce que j'ai à vous conter, Messieurs... Peut-être un jour aurai-je à vous rappeler le fait auquel je fais ici allusion... Pour le moment il n'est question que de moi.

— Quoi ? dit Lauzun, voudriez-vous vous remarier encore ?

— Hélas ! je suis veuf !

— De vos trois femmes ?

— Oui, Messieurs.

— Et vous êtes amoureux ? demanda Mlle Duthé.

— Comme je ne l'ai pas encore été. Cela m'a pris ce soir en visitant l'hôtel de Soubise.

— Bah ! firent les convives en riant de plus belle, car le marquis les amusait tous au point que le souper, contre son ordinaire, n'avait point tourné à l'orgie.

— Le nom de la beauté ! demanda-t-on.

— Je l'ignore, répondit le marquis ; mais quelqu'un de vous, Messieurs, pourra peut-être me renseigner. J'étais à l'hôtel Soubise, et en regardant par une fenêtre, j'aperçus, dans le jardin d'un autre hôtel situé en face dans la même rue, deux créatures enchanteresses.

— Ah! mon Dieu! fit Mme Duthé.

— Quoi donc!

— En face l'hôtel Soubise, de l'autre côté de la rue du Chaume?

— Précisément.

— Mais c'est le jardin de l'hôtel de Niorres! Ce sont les nièces du conseiller que vous avez vues.

— Elles sont ravissantes!

— C'est possible; mais je ne vous conseille pas d'épouser l'une d'elles, à moins que vous ne teniez à être veuf une quatrième fois.

— Comment?

— Il y a mortalité dans la famille des Niorres.

Le marquis regarda la Duthé comme s'il ne comprenait pas.

— Au creps, Messieurs, dit le prince en se levant de table pour passer dans le salon, le jeu nous attend!

Chacun quitta la table. Il y eut un petit instant de tumulte. Le marquis Camparini s'était rapproché du comte de Sommes, et tous deux demeurèrent les derniers dans la salle à manger.

— Attention! dit vivement l'Italien à voix extrêmement basse; j'ai ouvert le feu, soutiens-moi! Rappelle-toi ce qui a été convenu entre nous. Il est bientôt minuit, il est temps de partir, et il faut que l'un de ces jeunes seigneurs nous accompagne à l'hôtel de Niorres; son témoignage est essentiel. Donc, aux premiers coups du creps, souviens-toi de mes recommandations.

Le comte avait écouté silencieusement. Il regardait son interlocuteur avec une expression étrange.

— Qu'est-ce que cette histoire de la Madone que tu viens de raconter? demanda-t-il.
— Une histoire parfaitement vraie.
— Ainsi... tu serais?...
— Ton père! dit froidement le marquis.

Le comte recula d'un pas. L'Italien lui saisit le bras.

— Si je t'avais révélé cela plus tôt, dit-il, tu aurais gêné mes desseins. J'ai dit la vérité ici, ce soir, attendu que cette conversation, recueillie par le duc de Chartres et ses compagnons, deviendra d'une énorme importance pour l'avenir, lors du procès que le fils de la Madone aura à soutenir pour l'héritage des Niorres. Tu n'as pas besoin de comprendre, ne cherche pas. J'ai mon plan fait; obéis seulement.

— Mais, reprit le comte, pourquoi avoir fait le récit de ces trois mariages? Pourquoi commettre ce mensonge?

— Ce n'en est point un.

— Quoi! tout ce que vous avez raconté?

— M'est arrivé. Tout ce que j'ai dit est vrai, à l'exception de deux faits: la Madone est bien morte; mais mes deux autres femmes vivent encore.

— Elles sont en Italie?

— L'une est effectivement à Palerme, dans un couvent; mais l'autre, la dernière...

— Où est-elle?

— A Paris!

— A Paris! répéta le comte avec une stupéfaction croissante.

— Oui, et tu la connais.

— Moi?

— Au creps ! cria une voix partie de l'intérieur du salon.

— Nous voici, monseigneur ! répondit le marquis en faisant un pas en avant.

Puis, se penchant vers le comte qu'il poussa doucement devant lui :

— A l'œuvre ! murmura-t-il. Il faut qu'à minuit nous soyons dans les jardins de l'hôtel de Niorres, songe que la barrière la plus solide, qui nous sépare encore de la fortune, doit tomber cette nuit, sous nos yeux !

Les deux hommes entrèrent dans le salon.

Le marquis ne paraissait nullement ému, et il s'approcha de la table de jeu, qu'entouraient déjà les convives du duc, avec cette aisance d'un grand seigneur qui se soucie peu de risquer, sur le tapis vert, des sommes suffisantes au revenu de dix familles.

Le comte fit un tour dans la pièce pour se remettre de la sensation terrible qu'il venait évidemment d'éprouver.

— Le fils du roi du bagne ! murmura-t-il involontairement en lançant un regard dans la direction du signor Camparini.

V

LES CADAVRES

Aux cris d'alarme, qui avaient retenti si violemment dans l'intérieur de l'hôtel de Niorres, avait succédé une clarté subite, inondant le jardin de la lumière la plus vive, et un jet de flammes s'était fait jour à travers les vitres brisées de l'une des fenêtres du premier étage. C'était alors que le marquis d'Herbois et le vicomte de Renneville s'étaient élancés, au moment où une double détonation, suivie d'un hurlement furieux, s'était fait entendre dans la direction de la petite porte du jardin, près de laquelle veillait Maburec.

MM. d'Herbois et de Renneville s'étaient arrêtés brusquement ; une même pensée leur traversait l'esprit. Se comprenant mutuellement sans avoir besoin du secours de la parole, tous deux avaient fait un même bond en arrière, et, escaladant de nouveau la fenêtre du bâtiment des communs, ils s'étaient élancés dans l'intérieur de l'habitation.

Une même réflexion leur avait fait comprendre que pour arriver à celles qu'ils voulaient arracher au danger, la voie, la plus courte et la plus sûre, était l'intérieur des appartements. Devinant les êtres de l'hôtel avec cette prescience que donnent à ceux qui aiment le dévouement et la passion, ils avaient traversé les cuisines, les vestibules, et ils avaient atteint les premières marches du grand escalier.

Haletants, épouvantés, et cependant énergiquement résolus, les deux jeunes gens avaient franchi rapidement les degrés qui les séparaient du premier étage.

Les cris avaient cessé dans l'intérieur de l'hôtel, mais un grand tumulte se faisait entendre dans le jardin. Les flammes, s'élançant avec violence, éclairaient la marche du marquis et celle du vicomte. Sur le palier du premier étage, trois portes s'offrirent à eux : ils hésitèrent un moment.

— Où sont-elles ? s'écria le vicomte.

— Blanche ! Léonore ! appela le marquis.

Un craquement sinistre répondit seul à cet appel : une cloison s'écroulait à l'intérieur. Le marquis se précipita sur une porte, et, par un effort désespéré, l'enfonça plutôt qu'il ne l'ouvrit.

Un rideau de flammes s'étendit brusquement devant les deux jeunes gens. Quand la flamme se courbait sous l'action du vent produit par le courant d'air, on apercevait les profondeurs d'une vaste galerie sur laquelle donnaient plusieurs portes.

Le vicomte et son compagnon, sans hésiter, sans échanger une seule parole, franchirent ce rideau enflammé et pénétrèrent dans la galerie, criant, appelant avec des accents d'angoisses indicibles. Pas une voix ne répondait à leurs cris.

— Elles sont mortes! dit le marquis en devenant pâle comme une statue de marbre.

— Fouillons ces chambres! répondit le vicomte en forçant l'une des portes.

Un tourbillon de fumée s'échappa par l'ouverture et renversa le jeune homme : là encore l'incendie avait un ardent foyer. M. de Renneville se releva, la chevelure brûlée, et pénétra dans l'intérieur.

A peine avait-il fait quelques pas, qu'il poussa un rugissement furieux. Le marquis était près de lui...

En face d'eux, sur un lit déjà à demi-consumé, gisait un corps inanimé ; les preuves évidentes d'un crime horrible étaient sous les yeux des deux marins.

Ce corps était celui de M. de Nohan, le gendre du conseiller... Une large plaie déchirait sa poitrine, et un ruisseau de sang coulait sur le tapis.

Sans doute le malheureux avait été surpris dans son sommeil par le meurtrier qui l'avait frappé, car la pose était encore calme, et la mort avait dû être presque instantanée. Ce cadavre ne portait aucune trace des convulsions d'une longue agonie.

Le vicomte et le marquis se regardèrent, et un même cri d'horreur s'échappa de leurs lèvres. Tous deux s'étaient penchés avidement sur le cadavre pour interroger les battements du cœur, mais ces battements avaient cessé.

MM. d'Herbois et de Renneville bondirent hors de cette chambre que l'incendie envahissait rapidement, et dont le foyer paraissait être le lit lui-même.

Bravant la fumée qui s'engouffrait dans la galerie, sentant leurs forces physiques se décupler par l'effroyable sentiment qui torturait leur âme, les jeunes gens, dont la respiration sifflante déchirait la gorge, se ruèrent sur une autre porte et pénétrèrent dans une seconde pièce. Là aussi la fumée les aveugla, les asphyxia un moment, mais elle ne put les arrêter. Cette pièce était la chambre de M™° de Nohan.

Le lit était désert et intact ; la jeune femme n'avait même pas dû y prendre place ; mais, près d'une commode à demi consumée, une forme humaine se détachait sur le tapis, dont la laine, brûlant lentement, avait retardé les progrès de la flamme.

M™° de Nohan, la tête violemment renversée en arrière, les traits horriblement contractés, la face tuméfiée, les yeux sortis de leur orbite, demeurait étendue sans donner signe d'existence. Un lacet de soie, passé autour du cou et serré avec une telle violence que les chairs s'étaient déchirées et que le sang avait jailli, décelait le genre de mort auquel avait succombé la jeune femme. Là encore les deux marins retrouvaient, sous leurs yeux hagards, les preuves irrécusables d'un nouveau crime.

M. de Renneville porta les mains à son front. Il sentait sa raison vaciller et le délire s'emparer de son cerveau. Le marquis, terrifié, demeurait immobile et comme frappé d'insensibilité.

Les flammes les enveloppaient de tous côtés, et aucun d'eux ne songeait au danger qu'il allait être bientôt impossible de braver. Les meubles craquaient, les cloisons s'abîmaient, les murailles se lézardaient ; l'incendie, dévorant sa proie, se ruait, en mugissant, de la galerie dans les chambres, léchant les plafonds de ses langues ardentes, rongeant les parquets dont les feuilles volaient en éclats.

Des cris affreux retentissaient au dehors. Sans doute une foule immense avait envahi les jardins de l'hôtel et les rues avoisinantes, sans doute les secours arrivaient de toutes parts, et l'on cherchait à combattre le fléau dévastateur ; mais ni le marquis ni le vicomte n'entendaient plus ces cris montant vers eux à travers le tumulte horrible que causaient les flammes courant, dans cette partie des bâtiments, avec toute leur effroyable puissance.

Le feu rongeait leurs habits, et tous deux cependant demeuraient immobiles, en présence du cadavre de cette femme qu'ils contemplaient d'un œil sec et pour ainsi dire privé de regards. Tout à coup une réaction subite s'opéra dans leur cerveau frappé le vertige.

— Blanche ! cria le marquis.
— Léonore ! cria le vicomte.

Et tous deux s'étreignirent étroitement.

— Mourons avec elles ! dirent-ils d'une même voix.

Tous deux s'élancèrent au dehors... Il était temps. Les deux cloisons de la chambre de Mme de Nohan, séparant cette chambre de deux salons voisins, s'écroulèrent à la fois, et les décombres, donnant à l'incendie un aliment nouveau, les flammes, un moment étouffées, surgirent plus menaçantes.

La galerie était en feu... Les deux jeunes gens la

parcoururent néanmoins dans toute son étendue, ouvrant chaque porte, interrogeant chaque pièce ; mais toutes étaient vides.

Arrivés au bout de ce long corridor, un gros mur dressa devant eux une barrière infranchissable. Il fallait retourner sur ses pas et suivre la galerie en sens opposé ; mais l'incendie avait fait des progrès énormes : partout des murs de flammes surgissaient sur leur passage, et la fumée faisait passer, devant leurs yeux, des nuages de sang. Mais, en présence de ce péril menaçant, le marquis et le vicomte avaient senti redevenir lucide leur raison un moment troublée. A la fièvre du désespoir succédait le calme de la résignation.

Tous deux supposaient que Blanche et Léonore avaient été immolées durant cette nuit de carnage, et ils n'avaient plus qu'une pensée : mourir à leur tour, mais mourir auprès des cadavres de celles qu'ils aimaient de toutes les forces de leur cœur. Il fallait donc, luttant avec le feu, découvrir dans cette habitation croulante, dont ils ignoraient les détours, la chambre où devaient être les jeunes filles et éviter la mort jusqu'à l'anéantissement complet du faible espoir que conservait encore leur âme... Mais la mort était là imminente, inévitable ! Le marquis et le vicomte échangèrent un regard.

— Nous sommes perdus ! dit froidement le premier. Jamais nous ne pourrons atteindre l'escalier. Nos vêtements prendront feu en traversant ces flammes qui nous séparent du palier.

— Attends ! dit le vicomte.

Et, laissant son compagnon dans la galerie, il se

précipita dans la chambre de Mᵐᵉ de Nohan. Détournant ses yeux du cadavre déjà presque entièrement consumé de la pauvre femme, il arracha du lit les couvertures de laine ramassa un lambeau de tapis que le feu n'avait point encore atteint, et, revenant vers le marquis, il lui jeta ces douteux remparts contre la puissance du fléau.

Les deux jeunes gens s'enveloppèrent hermétiquement dans les étoffes de laine, puis, d'un même élan, s'élancèrent au milieu des flammes...

Le parquet s'effondrait sous leurs pieds... le feu les enveloppait... la flamme brûlait leurs sourcils et leurs cils... la chaleur les étouffait... Le marquis, le corps couvert de brûlures affreuses, poussa un cri douloureux et s'affaisa sur lui-même...

— Charles ! s'écria le vicomte avec l'accent du plus horrible désespoir.

Et, réunissant ses forces, oubliant son propre danger, M. de Renneville saisit dans ses bras le corps de son ami, et, par un élan suprême, traversa la muraille de feu.

L'escalier, construit en marbre, avait résisté à l'action dévastatrice des flammes, et, par une fenêtre ouverte, un courant d'air plus pur vint ranimer le gentilhomme évanoui. Les cris du dehors arrivaient alors plus éclatants : on entendait les appels des travailleurs, les ordres donnés par les chefs des travaux...

Mais si le corps de l'escalier avait échappé au feu, le vestibule dans lequel il aboutissait était devenu la proie des flammes. Aucune communication avec le dehors n'existait plus.

Les deux jeunes gens ne songèrent pas à descendre les marches brûlantes qui s'offraient à eux. Ils voulaient explorer l'étage supérieur. C'était là, effectivement, qu'était situé l'appartement des deux jeunes filles ; mais là encore se dressait une barrière de flammes.

VI

LA TOILETTE D'UNE FEMME DE QUALITÉ

L'hôtel de Mme la marquise d'Horbigny était situé dans le nouveau quartier avoisinant cette Chaussée d'Antin dont les récentes constructions émerveillaient les parisiens de l'époque.

Une heure venait de sonner et la jeune et jolie marquise, quittant sa chambre, souleva la portière de soie rose pour pénétrer dans son cabinet de toilette.

Ce cabinet de toilette était une belle pièce située au premier étage de l'hôtel et ouvrant par quatre grandes fenêtres au levant sur la cour, et au couchant sur un jardin, dans lequel la nature s'arrangeait comme elle pouvait, car l'art lui avait tout ôté, excepté les rayons dorés du soleil, qui se glissaient, tant bien que mal, jusque dans l'appartement. Décoré des mille fantaisies architecturales alors de mode, ce jardin offrait cependant un charmant coup d'œil s'harmonisant parfaitement avec les décorations du cabinet de toilette-boudoir, tout enjolivé par les mignards caprices d'un élève de Watteau.

C'étaient ces innombrables sujets favoris du temps ; des Amours qui jouaient avec des fleurs dans un bassin doré placé au-dessus du trumeau de la cheminée ; des oiseaux qui chantaient et battaient de l'aile sur les guirlandes et les arabesques du plafond ; des bouquets en guise de fresques, qui s'étalaient en mille charmants contours, et avec des délicatesses infinies de dessin, sur les grands panneaux, jusqu'à la corniche.

Tout était art et coquetterie dans cette pièce délicieuse, depuis les tableaux de Boucher avec leurs bergères aux jambes nues, leurs moutons enchaînés de rubans roses, leurs bergers poudrés, jusqu'aux plus petits objets composant le mobilier de la grande dame ; le fauteuil de jonc sur lequel elle allait s'asseoir, les sièges à dossier de velours bleu et rouge encadré de dorures, l'écran à tentures de soie, la commode à dessus de marbre gris veiné de rose, à tiroirs en bois d'acajou incrusté d'arabesques en écaille, le guéridon à tige torse et sculptée, la servante à triple table, la pendule à cadran cerclé d'anneaux verts dans un cadre à feuillages d'or, tout enfin, jusqu'à la niche du chien de la marquise, élégante petite hutte recouverte d'un velours rose et dans laquelle sommeillait un griffon blanc au poil soyeux.

Mme d'Horbigny était une ravissante jeune femme dans tout l'éclat de sa beauté, et portant à ravir le costume de l'époque. Elle n'était point cependant en grande toilette, mais son élégant déshabillé lui prêtait un charme d'une exquise distinction.

Un riche peignoir garni de dentelles plissées autour des épaules, laissant au corps toute liberté de poses, flottait autour d'elle.

La marquise vint, sans prononcer une parole, s'asseoir sur le fauteuil de jonc placé devant une espèce de baldaquin, recouvert d'une garniture de dentelles qui retombait jusqu'à terre et se reliait en haut, attachée par un gros nœud de rubans roses.

Une camériste, véritable Marton à l'œil éveillé, au nez retroussé et au minois effronté, jupée court et finement prise dans sa taille, tira la garniture du baldaquin qui, se séparant au sommet en guise de rideau travaillé de charmants dessins, découvrit une table de toilette surmontée d'une glace de Venise et surchargée de tout l'attirail nécessaire à augmenter la beauté.

La marquise jeta un coup d'œil dans la glace, sourit au miroir, et, s'adressant à la camériste :

— Léonard est là ? dit-elle d'une voix languissante.

— Oui, Madame ! répondit la soubrette.

— Faites-le entrer.

La femme de chambre courut à une porte dérobée, l'ouvrit et presque aussitôt notre ancienne connaissance, le coiffeur que nous avons vu dans le carrabas de Versailles, fit irruption plutôt qu'il n'entra dans le cabinet de toilette.

— D'honneur ! dit-il de ce ton impertinent qu'il avait pris et que lui passaient toutes ses clientes parce que la reine s'en amusait et était la première à en rire, d'honneur ! madame la marquise, il faut que ce soit l'amour de vos beaux cheveux qui m'ait fait venir à pareille heure ; mais je n'ai pas voulu vous faire le chagrin de vous envoyer Frémont, mon premier ministre.

— Vous savez bien, Léonard, que je ne veux être coiffée que par vous ! répondit la marquise.

— Toutes ces dames, à Versailles et à Paris, en disent autant, et cependant il m'est impossible de les contenter. Sa Majesté absorbe tous mes instants. Elle ne peut pas se passer de moi... Mais quelle coiffure allons-nous faire ce soir ?...

— Celle que vous voudrez, Léonard.

— Où madame la marquise va-t-elle ? Soupe-t-elle chez elle ou en ville ?

— Chez moi, Léonard.

— Est-ce un souper gai, un souper triste ? un souper de gens de finance ou d'hommes d'épée ? Qui Madame reçoit-elle ?

— Le comte de Sommes, l'abbé Talleyrand, Mme de Langeac...

— Bien ! bien ! interrompit le coiffeur avec un aplomb imperturbable ; coiffure aimable, alors. Il faut que madame la marquise soit belle à faire damner ses rivales et mourir ses soupirants. Je sais ce qu'il faut !

Puis, se tournant vers la cameriste qui attendait discrètement :

— Armande ! continua-t-il avec un accent impérieux, des gazes, des fleurs, des rubans, des chiffons !

— Pas de diamants ? demanda la marquise.

— Pas le moindre ; je les interdis. Des fleurs, et beaucoup ! des roses, des œillets, des chèvrefeuilles ! Un buisson, Armande, un véritable buisson, mon enfant ! Dévaste les parterres !

Et tandis que la cameriste s'élançait au dehors pour

aller chercher ce que demandait le coiffeur à la mode, celui-ci retroussa les manchettes de dentelles qui lui tombaient sur les mains, et, prenant un peigne, il détacha lestement les cheveux de la marquise.

— Qu'y a-t-il de nouveau à la cour? demanda Mme d'Horbigny en souriant.

— Peuh! rien de bien digne d'être rapporté.

— Et à la ville?

— Oh! oh! beaucoup de choses, Madame!

— Est-il toujours question de ces empoisonnement chez le conseiller?

— S'il en est question! s'écria Léonard en demeurant le bras levé et le peigne en l'air, avec une expression d'étonnement comique. Quoi! est-ce que madame la marquise ne sait pas ce qui s'est passé?

— Où cela?

— La nuit dernière, à l'hôtel de Niorres?

— Mais non; je ne sais rien. Je n'ai vu encore personne de la matinée... Que s'est-il donc passé?

— Des choses horribles, Madame! Il n'est bruit que de cela dans tout Paris. M. de Nohan, sa femme, Mme de Versac, son fils et son neveu, ont été assassinés!

— Ah! mon Dieu! s'écria la marquise avec un calme dénotant une indifférence parfaite à propos de cette terrible nouvelle; que me dites-vous là?

— Ce que tout le monde sait excepté Madame. Une partie de l'hôtel a été brûlé. Les meurtriers avaient allumé l'incendie dans l'espoir, sans doute, d'anéantir, dans les flammes, les preuves de leurs crimes abominables.

— Les meurtriers ? ils sont donc plusieurs ?

— Ils étaient deux, Madame.

— Et ils sont arrêtés ?

— Cette nuit, au milieu de l'incendie, au milieu du tumulte, on s'est emparé des assassins dans l'appartement de M⁰ᵉ de Versac, au moment même où les monstres venaient d'accomplir leur dernier forfait !

La marquise, se penchant en avant, fit basculer la glace de sa toilette en posant, sur la bordure, son doigt blanc et effilé, et elle s'examina attentivement, en passant sa petite main sur son frais visage :

— Il me semble que j'ai mauvaise mine ce matin, dit-elle d'une voix languissante.

— Madame la marquise n'a jamais été plus charmante ! répondit Léonard en homme habitué à débiter régulièrement la même phrase à chacune de ses clientes.

— Vous croyez, Léonard ?

— J'en suis sûr, Madame.

— Alors, reprit la marquise du même ton qu'elle aurait pris pour s'enquérir de la chose la plus insignifiante, les assassins sont enfin arrêtés. C'est bien heureux ! Et vous dites que ces gens-là ont brûlé l'hôtel ?

— Une partie, Madame.

— C'est affreux à penser, car enfin il y avait, à l'hôtel de Niorres, des choses magnifiques. Entre autres des sculptures admirables. Savez-vous si elles ont été détruites, Léonard ?

— Je l'ignore, Madame, mais ce que je sais, c'est que deux femmes, un homme et deux pauvres enfants ont prié !

— Ne me donnez pas trop de détails, Léonard, sur

cette horrible catastrophe. Cela pourrait me faire mal, et la moindre émotion m'altère les traits et me rend affreuse! dit la marquise en fermant à demi ses beaux yeux et en se renversant en arrière sur son fauteuil.

— Oh! fit le coiffeur d'un ton légèrement ironique, que Madame fasse provision de courage et de sang-froid alors, car chaque personne, qu'elle verra, lui parlera de cet événement désolant, attendu que tout Paris s'en occupe.

— Alors, Paris est triste, ce matin?

— Naturellement, Madame.

— C'est affreux ce que vous me dites là! Je m'étais levée avec les idées les plus riantes..... Ah! mon Dieu! fit la marquise en changeant brusquement de ton, mais j'y pense! vous allez me coiffer avec des fleurs, cela n'ira pas si le vent est à la tristesse! Il faudrait plutôt des plumes...

— Oh! dit Léonard en souriant, rassurez-vous, Madame; si Paris est affecté ce matin, il sera joyeux ce soir. D'ailleurs nous pourrons écarter les fleurs trop gaies.

— C'est cela, Léonard. Faites-moi une coiffure sentimentale. Je mettrai une robe de couleur sombre. Je voulais en mettre une rose lamée d'argent, mais j'ai changé d'avis. Vous avez très bien fait de me prévenir. Vous comprenez, Léonard, si tout le monde me parle de ces malheurs, je suis si extraordinairement sensible! je pleurerai... et je ne sais rien de plus laid qu'une femme qui pleure en robe claire et avec des roses dans les cheveux. Il faut que la toilette s'harmonise toujours avec l'air du visage.

Tout cela fut débité d'un ton si parfaitement calme que le coiffeur, bien qu'il connût sa belle cliente depuis longtemps, fit un geste de stupéfaction.

Mme d'Horbigny parut ne pas comprendre la pantomime, cependant, fort expressive de Léonard. D'ailleurs, l'eût-elle comprise, qu'elle eût à peine daigné s'en offenser, tant sa manière d'être lui semblait naturelle.

La belle marquise ne supposait pas qu'un événement, arrivé à autrui, quelque terrible que fût cet événement, pût émouvoir son cœur qui n'avait battu, que mû par les fonctions de la circulation du sang. Quant à l'esprit de la marquise, il n'obéissait qu'à trois sentiments : celui d'une coquetterie effrénée, un égoïsme absolu, profond, desséchant, et une indifférence, pour tout ce qui ne la touchait pas personnellement, poussée jusqu'aux dernières limites.

La marquise n'avait que trois préoccupations constantes auxquelles elle sacrifiait impitoyablement tout et toujours : être plus belle que ses rivales en beauté, voir satisfaire ses plus légères fantaisies, ses moindres désirs, ses plus insensés caprices et pouvoir jeter à pleines mains, sous ses pieds, l'or qu'elle 'aimait à contempler dans ses coffres. Avarice et dissipation se rencontrent ensemble plus souvent qu'on ne le pense, lorsque l'égoïsme sert de trait d'union entre eux : la marquise présentait la preuve de cette alliance si peu rare.

Léonard connaissait parfaitement la marquise : aussi se remit-il rapidement du premier mouvement de stupéfaction qu'il avait ressenti en présence de cette indifférence de glace.

Au reste, peu lui importait à lui-même que la marquise d'Horbigny prît, ou non, intérêt aux malheurs de la famille de Niorres. Il était trop vain de sa position près de la reine, trop entiché de sa valeur personnelle, pour accorder une attention suivie à d'autres affaires qu'aux siennes propres. Puis, courtisan dans l'âme, flatteur par métier, adulateur par intérêt, le coiffeur renommé savait être, tour à tour, suivant le caractère, les dispositions morales, les habitudes de ses clientes, sentimental ou gaiement badin, grave ou léger, poétiquement mélancolique ou sceptique renforcé. Aussi quittant brusquement le ton lugubre qu'il avait pris depuis quelques instants, croyant qu'il allait entamer la narration des événements accomplis à l'hôtel de Niorres, il se mit, tout en s'occupant de son œuvre importante, à complimenter la marquise sur ses attraits chaque jour plus puissants.

Mme d'Horbigny accueillit ce changement de conversation avec l'indifférence dont elle ne se départait jamais, mais un sourire, qui éclaira son charmant visage, prouva que Léonard était un habile diplomate.

En ce moment la camériste rentra dans le cabinet de toilette, les bras chargés de fleurs fraîchement cueillies.

— Madame, dit-elle, M. le comte de Sommes demande à être introduit.

La marquise jeta un rapide coup d'œil à son miroir.

— Faites entrer! dit-elle ensuite.

Le visiteur annoncé se glissa dans le cabinet de toilette et salua la marquise avec cette aisance aristocratique dont le secret est à jamais perdu.

Mᵐᵉ d'Horbigny, sans tourner la tête, envoya un sourire par l'intermédiaire du miroir de Venise.

Rien de moins étrange alors qu'une visite faite et reçue dans de telles circonstances. Au xviiiᵉ siècle, l'usage adopté par les femmes de qualité, était de laisser libre l'accès de leur boudoir à cette heure de la toilette qui est ordinairement, par un sentiment de pudeur, plus que toute autre, celle de la solitude. Mais, sous Louis XV et sous le règne de son successeur, les femmes aimaient à occuper, à la fois, leur esprit et leurs yeux et à prêter l'oreille à leurs admirateurs dans le même moment qu'elles livraient au coiffeur leur chevelure. Au reste, cette idée, de se faire courtiser en se faisant habiller, avait peut-être son explication dans la coquetterie naturelle des femmes plus encore que dans l'ennui que leur apportait le désœuvrement. C'était le seul instant de la journée où elles pussent faire montre de quelque simplicité, de leur beauté vraie, si elles en avaient ; c'était une heure donnée presque à la nature, un moment d'abandon et de liberté enlevé au despotisme de la mode et à la tyrannie des corps de baleines et des paniers, qui allaient s'emparer d'elles pour le reste de la journée ou de la soirée et ne les quitter qu'à leur retour de la cour, du concert, du bal, ou de l'Opéra, avec tout l'embarrassant artifice de leur toilette. Puis, les intimes avaient seuls le privilège d'être admis dans le boudoir, et là, on pouvait babiller à l'aise, échanger une confidence, médire du prochain, enfin être soi-même au moral et au physique.

Aussi, l'entrée du comte n'avait-elle nullement interrompu l'œuvre commencée par Léonard, lequel, tout en débitant les terribles nouvelles qu'il apportait, avait innové une mode de coiffure contrastant étrangement avec celle régnant précédemment.

En 1775, avaient commencé les coiffures élevées, dites les grecques à boucles badines, lesquelles, allant en s'élevant toujours, atteignirent, trois ans plus tard, à une hauteur de deux pieds au-dessus de la tête. Mais ce n'était point assez : la folie de la mode voulait plus encore et bientôt Léonard inventa le fameux Pouff au Sentiment, qui est demeuré, à bon droit, comme le monument le plus étrange des goûts incompréhensibles de cette époque de décadence.

Le Pouff au Sentiment s'était ainsi nommé : pouff, à raison de la confusion d'objets qui entraient dans sa composition, et au Sentiment, parce qu'on y faisait figurer tout ce que la dame qui le portait affectionnait.

C'était quelque chose d'inouï, d'incroyable, de fabuleux dont aucune description ne saurait aujourd'hui donner une idée précise. Qu'on se figure un immense échafaudage de cheveux crêpés, bouclés, chamarrés de plumes, de rubans, de gaze, de guirlandes, de perles et de diamants, une montagne de neige chargée de fleurs, d'arbustes, de joujoux, de statues, de jardins, de panaches, de flottes, d'armées.

Mme la duchesse d'Orléans, Louise-Marie-Adélaïde de Bourbon-Penthièvre, mère du roi Louis-Philippe, parut à la cour portant un pouff dont les mémoires du temps nous ont conservé la description exacte. Au milieu de la tête, on voyait une femme assise sur un fauteuil et tenant un nourrisson, ce qui désignait M. le duc de Chartres et sa nourrice. A droite, était un énorme perroquet becquetant une cerise, oiseau précieux à la princesse. A gauche, se tenait un petit nègre, image de celui que Son Altesse aimait particulièrement. Dans le surplus de la coiffure, s'agençaient, en dessins bizarres, les cheveux des ducs d'Orléans, de Chartres et de Penthièvre.

On croira difficilement, aujourd'hui, qu'on ait osé se placer sur la tête une telle macédoine, une telle ménagerie, un tel salmigondis, en un mot, de choses aussi extraordinaires. C'était un véritable dévergondage de la mode que la folie du temps finit par consacrer.

On vit, dans les pouffs au sentiment, tout ce que le caprice a de plus étrange et peu à peu cette coiffure devint une espèce d'enseigne destinée, non-seulement à indiquer ce que l'on aimait, mais encore quel était le genre d'esprit et d'humeur de celles qui la portaient.

Les femmes légères se jonchèrent la tête de papillons et de zéphirs ; les femmes tendres nichèrent dans leurs cheveux des essaims d'amours ; celles aux idées champêtres se décorèrent de la représentation des différentes phases de la culture : c'étaient des moissonneurs, des semeurs, des vignerons, des faucheurs, tous dans l'exercice de leurs fonctions. Enfin, chose plus incroyable encore, que nous affirmons cependant d'après les témoignages les plus authentiques et qui peint un excès de frénésie, qui faisait alors divaguer tous les esprits, on vit, à la cour, des femmes ayant des prétentions à la mélancolie, venir, en plein bal, avec des pouffs aux sarcophages, les cheveux couverts d'urnes funéraires, et un cimetière représenté dans leur coiffure !

Bientôt, avec la guerre, étaient venues des images

belliqueuses. Les femmes portaient dans leurs cheveux des bastions, des citadelles, des armées d'assiégés et des colonnes d'assiégeants, des batteries d'artillerie ; et, après les glorieux faits d'armes de d'Estaing et du bailli de Suffren, des vaisseaux, avec leurs agrès, se balancèrent sur les vagues formées par les boucles de cheveux ondulés.

Ensuite régna la mode des Bonnets au parc anglais. Les cheveux, irrégulièrement disposés, formaient des collines sur lesquelles des moulins à vent tournaient, puis des bosquets et des taillis que battaient des compagnies de chasseurs, des plaines arrosées par des ruisseaux au bord desquels les moutons paissaient sous l'œil des bergères.

« On inventa, dit Mercier, un ressort qui élevait et abaissait ces machines. »

Ces coiffures exorbitantes atteignirent jusqu'à quarante-six pouces de haut (près d'un mètre trente centimètres) ! Or, si l'on songe que, d'après la loi de la mode, la hauteur complète, du tapis au sommet de la coiffure, d'une dame, chaussée de ses mules à talons hauts, devait égaler le diamètre de sa circonférence, on aura une idée du développement réellement gigantesque des paniers.

Les choses allèrent enfin si loin en hauteur et en largeur « que, dit Mme Campan, on ne pouvait plus trouver de voitures assez élevées pour s'y placer, bien que l'on en eût ôté la banquette et que les femmes se tinssent à genoux dans leurs carrosses. Souvent elles étaient obligées de tenir leur tête penchée de façon à ce que le sommet de la coiffure sortît par la portière. » Et

Montesquieu nous raconte, dans une de ses lettres, que les architectes du temps furent obligés d'élargir et d'exhausser, dans tous les hôtels, les baies des appartements, afin de permettre l'entrée des robes et celle des cheveux.

Mais au printemps de 1785, au beau milieu de cette mode furieuse que n'avaient pu combattre les remontrances du roi, la reine se vit menacée de perdre ses cheveux dont elle était si fière. Une fièvre de lait, survenue après la dernière couche de Sa Majesté, ordonna impérativement que les ciseaux vinssent porter un remède énergique au mal.

Les cheveux de Marie-Antoinette tombèrent sous la main de Léonard, et, avec eux, dégringolèrent du même coup tous les ridicules édifices que nous venons de décrire. La coiffure à l'Enfant, à la Paysanne, les Baigneuses à la frivolité, les Cornettes à la Laitière, à la Candeur, au Mirliton, commençaient, à l'époque où nous assistons à la toilette de la marquise d'Horbigny, à détrôner complétement les coiffures à l'Oiseau-Royal, au Hérisson, aux Parterres galants, aux Calèches retroussées et les fameux Pouffs à la reine, sortes de panaches de plumes de deux pieds et demi de haut.

Le coiffeur de la reine était dans tout le feu de sa composition ; il venait de préparer savamment la simple coiffure extrêmement compliquée qu'il dressait sur la tête de sa belle cliente, et, après s'être reculé de quelques pas pour donner un coup d'œil à l'ensemble, il prit sur la table de la toilette un petit cornet, sorte de masque conique, percé de deux trous pour les yeux, et il le présenta à la marquise.

Celle-ci se l'appliqua sur le visage, et Léonard, s'emparant d'une énorme boîte circulaire, en tira une houppe tout enfarinée de poudre blanche à la maréchal, qu'il secoua à profusion sur les cheveux de M@@ d'Horbigny.

Un véritable nuage enveloppa la marquise et le coiffeur.

— Superbe ! dit le comte en riant ; ce Léonard a des gestes d'empereur, quand il lance un œil de poudre. Il est inimitable ! D'honneur, s'il venait à mourir on ne le remplacerait pas !

— Ces dames le savent bien, répondit le coiffeur ; et c'est ce qui les désole !

— C'est vrai, ce qu'il dit, fit la marquise en rejetant le cornet et en examinant dans la glace l'effet de sa coiffure ; Armande, le rouge !

La femme de chambre présenta à sa maîtresse un pinceau et un pot de rouge.

— Quelques fleurs ? dit Léonard en prenant une brassée de plantes odoriférantes.

— Comte, reprit la marquise en étalant lentement la couche de rouge qu'elle venait de se placer sur le visage, savez-vous ce que me disait Léonard ?

— Qu'est-ce donc ? demanda M. de Sommes en venant s'accouder sur la table de la toilette.

— Il prétendait qu'il était arrivé un événement épouvantable la nuit dernière ?

— Ah ! fit le comte, il vous racontait en détail ce qui s'est passé la nuit dernière à l'hôtel de Niorres ?

— J'allais entamer ce récit, dit Léonard en plantant un véritable parterre sur la tête de la marquise, mais

M. le comte le fera assurément bien mieux que son très humble serviteur, car le lieutenant de police citait, ce matin, à la reine M. le comte de Sommes parmi les témoins oculaires...

— Comment! dit la marquise en se tournant un peu, vous avez vu toutes ces horreurs, comte?

— J'étais effectivement cette nuit dans les jardins de l'hôtel de Niorres, répondit le comte.

— Eh! mon Dieu, qu'alliez-vous donc faire là?

— Je m'y trouvais comme juge d'un pari engagé devant moi.

— Et ce que Léonard m'a dit, est vrai? On a tué le gendre, la fille, la bru et les deux petits-fils du magistrat? on a brûlé l'hôtel?

— Cela n'est malheureusement que trop vrai, Madame.

— Et les coupables sont arrêtés?

— On a arrêté deux hommes, madame la marquise; mais ces deux hommes ne sont pas encore convaincus d'être les auteurs de ces crimes affreux. Ils nient avec acharnement toute participation à cette machination épouvantable, et j'avoue que je me sens porté, moi, à les croire innocents.

— Cependant, dit Léonard, toutes les preuves sont contre eux, et M. Lenoir affirmait à la reine que le doute à cet égard ne pouvait être permis.

— Et quels sont ces meurtriers? demanda la marquise; d'horribles types, sans doute?

— Ce sont des hommes fort bien nés, Madame, répondit Léonard.

— Quoi! s'agirait-il de gentilshommes?

— Mon Dieu oui !

— C'est horrible ! Comment les nomme-t-on ?

— Le marquis d'Herbois et le vicomte de Renneville.

— Ah ! fit la marquise, j'ai failli souper avec eux !

Et, prenant un flacon sur la table de toilette, elle le porta à ses narines rosées comme si elle eût craint de s'évanouir en succombant à l'émotion.

VII

LE PARI

— Et vous dites, mon cher comte, reprit la marquise après un moment de silence et en quittant le flacon pour puiser de nouveau dans le pot au rouge, que vous étiez la nuit dernière dans les jardins de l'hôtel de Niorres?

— J'y étais effectivement, j'ai l'honneur de vous le répéter, marquise, répondit le comte en se renversant sur le dossier de son siège, et j'en veux beaucoup au hasard du mauvais tour qu'il m'a joué. Figurez-vous qu'hier au soir je soupais avec son Altesse le duc de Chartres... Ah! il faut vous dire, Madame, que je devais présenter à Monseigneur l'original le plus curieux que je connaisse : un Italien, le marquis Diégo Camparini...

— Qui a été cité également comme témoin par M. Lenoir, ainsi que le duc de Lauzun, interrompit Léonard.

— Eh oui! nous étions tous trois ensemble. Pour en revenir à mon gentilhomme italien, dont l'existence passée est un véritable tissu d'aventures merveilleusement bizarres qu'il vous racontera quelque jour, marquise, si vous daignez l'entendre, il n'était pas assis, depuis un quart d'heure à la table de son Altesse, qu'il captivait déjà l'attention générale. Camparini, quoiqu'il ne soit plus jeune, possède bien le cœur le plus facile à enflammer que j'aie jamais connu, et, quand il aime ou qu'il croit aimer, rien ne l'arrête dans ses entreprises. Notez qu'avec cela il est superstitieux à l'excès. Avant de se rendre chez le duc de Chartres, il avait été à l'hôtel Soubise, et, en se mettant à la fenêtre, il avait aperçu dans un jardin voisin deux jeunes filles qui lui avaient paru si belles qu'il en était tombé amoureux à l'instant même.

— Des deux ? demanda Mme d'Horbigny.

— Il ne sait pas au juste laquelle il préfère. Bref, il vint souper, la tête encore pleine de l'image des deux ravissantes personnes, mais ignorant absolument leur nom et leur position sociale. Ce fut l'un de nous qui, devinant qu'il était question des nièces de M. de Niorres, lui apprit la vérité. Mais à peine eut-on prononcé le nom du conseiller, que chacun se ressouvint des lugubres histoires auxquelles ce nom est mêlé, et bientôt Camparini fut mis au courant de la funeste situation. Vous pensez peut-être que la révélation des crimes abominables, qui jetaient cette famille entière dans le deuil, empêcha le marquis de songer aux deux jeunes filles ? Point du tout ! Plus on lui en disait et plus il sentait, prétendait-il, croître la passion allumée dans son cœur. Nous jouions au creps alors, et le marquis tenait les dés, perdant des sommes folles avec l'insouciance d'un véritable grand seigneur qu'il est bien réellement. Quand on vit que Camparini s'entêtait dans son idée, chacun, et moi le premier, je l'avoue, se mit à lui prédire les choses les plus affreuses. Nous riions, sans supposer un seul instant ce qui devait arriver. A chaque trait lancé pour lui prouver l'impossibilité de la réussite de ses amours nouvelles, Camparini ripostait par une excellente raison dite du ton le plus calme. « Mais ces deux jeunes filles sont fiancées au marquis d'Herbois et au vicomte de Renneville, lui dit Lauzun. — Tant mieux, répondit-il, j'aime les obstacles. — Mais elles ne vous connaissent même pas de nom. — Elles connaîtront ma personne. — Mais, lui dis-je encore, elles ne savent même pas que vous les aimez. — Elles le sauront. — Et qui le leur dira? — Moi. — Quand? — Pardieu ! la première fois que je les verrai. » Nous éclatâmes tous d'un fou rire tant le sérieux du marquis nous paraissait amusant. « La première fois que vous les verrez ne signifie rien, dit Son Altesse ; car vous pouvez les voir aussi bien, pour la première fois, dans dix ans que demain. — Avant vingt-quatre heures j'aurai parlé, répondit le marquis. — Allons donc ! m'écriai-je; personne ne peut pénétrer dans l'hôtel de Niorres, et chacun sait que d'Herbois et de Renneville se sont vu, depuis un mois, obstinément refuser la porte. » Le marquis se retourna vers moi. « Vous doutez? dit-il. — Ma foi, je l'avoue; et ces messieurs doutent comme moi. » Camparini tenait les dés contre le duc de Lauzun ; deux cents louis étaient engagés ; il gagna. Le marquis ramassa l'or, et, le faisant sauter dans sa main : « Je parie ces deux cents louis, dit-il, qu'avant deux heures d'ici j'aurai vu les demoiselles de Niorres, que j'aurai fait mon choix et ma déclaration. — Je tiens! dis-je vivement. — Ah! comte, s'écria Lauzun, vous pariez à coup sûr. Il est près de minuit et..., — Je double le pari, si vous voulez tenir également, interrompit Camparini. — Cette assurance augmenta notre gaieté. « Eh bien?... fit marquis. — Tenu! répondit Lauzun en riant. Mais comment saurons-nous si vous avez perdu ou gagné? — Rien de plus simple. Ma voiture attend : de Sommes et vous, monsieur le duc, allez m'accompagner jusque dans les jardins de l'hôtel de Niorres, et vous assisterez à mon entretien avec les jeunes filles. » Cette proposition était insensée, je le reconnais à cette heure ; mais quand elle fut faite, nous venions de souper joyeusement, et cela explique tout.

— Enfin vous partîtes, dit la marquise.

Puis, se tournant à demi vers Léonard :

— Découvrez donc davantage l'oreille, ajouta-t-elle.

La jolie créature écoutait bien le comte, mais elle s'occupait avant tout de sa parure.

— Nous partîmes, reprit M. de Sommes. Le marquis fit arrêter rue du Chaume et se mit à escalader le mur en nous invitant à le suivre. La chose devenait amusante : Lauzun et moi nous nous élançâmes gaillardement. Les branches d'un superbe marronnier nous aidèrent dans notre ascension que nous commençâmes en montant sur le siège du cocher du marquis, et nous sautâmes dans le jardin. Nous avions déjà parcouru une partie du jardin, ignorant comment le marquis allait s'y prendre pour pénétrer dans l'intérieur de l'hôtel ; nous venions d'atteindre une magnifique pelouse située devant les bâtiments, lorsque tout à coup un cri déchirant se fit entendre et une clarté subite illumina le jardin.

— Oh ! fit la marquise, vous me faites peur. Armande ! mes girandoles de diamants !

La femme de chambre présenta un écrin tout ouvert et contenant une admirable paire de boucles d'oreilles du plus grand prix.

— Un incendie épouvantable, reprit le comte, venait d'éclater subitement au rez-de-chaussée et au premier étage de l'hôtel. Lauzun et moi nous arrêtâmes stupéfiés. Camparini était à quelques pas en avant de nous... « Grand Dieu ! s'écria Lauzun, serions-nous venus ici pour être témoins de nouveaux crimes ! — Etes-vous armés ? fis-je en portant la main à la garde de mon épée par un mouvement instinctif. — J'ai une paire d'excellents pistolets qui ne me quittent jamais la nuit, dit le marquis. Il n'achevait pas qu'un homme, surgissant je ne sais d'où, s'élançait sur nous. Lauzun, convaincu avec raison qu'il voyait un meurtrier, bondit sur lui, mais il n'eut pas le temps de le rencontrer. Camparini venait de faire feu des deux mains, et le misérable roulait sur le sable d'une allée. — Ses complices doivent être encore là ! s'écria le marquis : fouillons le jardin et appelons du secours. » Nous nous élançâmes, mais nous n'avions pas fait trois pas en avant qu'une escouade de police envahissait le jardin...

— Oui, oui ! dit vivement le coiffeur en mettant la dernière main à son œuvre, M. Lenoir a dit à la reine qu'il avait envoyé des hommes de police aussitôt qu'il avait appris que MM. d'Herbois et de Ronneville avaient pénétré dans l'hôtel à l'aide d'une fausse clef.

— C'est cela même, dit le comte en reprenant son récit. Tout d'abord ces hommes se jetèrent sur nous et voulurent nous arrêter, mais en reconnaissant le duc de Lauzun, en me reconnaissant moi-même, en nous entendant tous deux répondre, corps pour corps, du marquis Camparini, ils reculèrent, ne sachant que faire.

L'incendie éclatait alors dans toute sa violence, et des cris affreux partaient du second étage de l'hôtel.

— C'est fort émouvant ce que vous me racontez là, monsieur le comte, dit la marquise d'une voix languissante, tandis qu'Armande lui attachait aux oreilles les girandoles de diamants.

— Le feu, continua M. de Sommes, avait envahi tout le premier étage et les flammes s'élançaient par les fenêtres brisées. C'était horrible à voir. En moins de temps que je n'en mets à vous le dire, marquise, le jardin et la cour avaient été envahis par une foule accourue sur le lieu du désastre... mais, comme il arrive toujours en pareilles circonstances, un tumulte épouvantable régnait là où l'ordre et le calme eussent été absolument nécessaires pour combattre le fléau dévastateur. Chacun allait, venait, criait, se donnait du mouvement, faisait preuve de bonne volonté, mais on perdait un temps précieux en agitation inutile et en débit d'avis contraires. Cependant le péril devenait de plus en plus imminent : l'hôtel entier menaçait de s'embraser. J'avoue que Lauzun et moi ressentions encore une émotion causée par la vue du désastre qui, au premier instant, paralysa nos facultés. Cependant nous nous remîmes vite.

— Oui, dit encore Léonard, M. le lieutenant de police, en rendant compte de cet événement à la reine, a cité dans les termes les plus chaleureux la belle conduite de M. le comte et celle de M. le duc de Lauzun ; mais il paraît que M. le marquis de Camparini a été réellement sublime et a agi en véritable héros.

— Ah ! ah! fit le comte, comment M. Lenoir a-t-il raconté cela ? je suis curieux de le savoir.

— M. Lenoir a dit, reprit le coiffeur, que lorsqu'il arriva sur les lieux du sinistre, il trouva tous les secours organisés avec une habileté merveilleuse par les soins du gentilhomme italien, qui prodiguait ses forces, risquait sa vie et courait les plus grands dangers, avec un sang-froid inaltérable et un courage presque surhumain.

— Le fait est que Camparini était magnifique, dit le comte en secouant la tête.

— Et vous-même, monsieur le comte, n'avez-vous pas exposé généreusement vos jours pour sauver Mlles de Niorres, tandis que le marquis arrachait leur mère à une mort certaine ?

— Vraiment ? dit la marquise en étudiant dans le miroir ses mines les plus séduisantes, vous avez sauvé ces enfants, comte ? C'est très-bien, cela !... Léonard, voici une mèche un peu trop chargée de poudre... regardez donc !... Et comment avez-vous fait pour sauver ces pauvres petites ? continua la belle indifférente en regardant dans la glace son interlocuteur.

— Ma foi ! je ne sais pas trop, marquise ; je ne me rappelle plus les détails.

— Oh ! mais je les sais, monsieur le comte, dit vivement Léonard. Sa Majesté a porté le plus vif intérêt à votre belle action et à celle du marquis Camparini.

— La reine est trop bonne !

— Elle était fort émue en écoutant M. Lenoir. Il paraît, Madame, continua le coiffeur en se penchant au-dessus de la tête de Mme d'Horbigny pour donner un dernier coup de peigne, il paraît qu'au plus fort de l'incendie, alors que les flammes avaient coupé toutes les issues et que la mort menaçait ceux qui étaient demeurés aux étages supérieurs de l'hôtel, une femme ouvrant une fenêtre que le feu n'avait pas encore gagnée, se pencha en avant en poussant des cris déchirants. C'était Mme de Niorres, la belle-sœur du conseiller, qui, après avoir vainement essayé de parvenir jusqu'à la chambre de ses filles, était revenue dans la sienne, et à demi folle de terreur et de désespoir, menaçait de s'élancer dans le vide. Aucun moyen praticable d'arriver jusqu'à elle n'existait plus. Le grand escalier était bouché par une mer de feu alimentée par les boiseries du vestibule, et l'escalier de dégagement venait de s'écrouler. Cette pauvre femme appelait au secours, et, aux tourbillons de fumée qui l'enveloppaient et s'élançaient par l'ouverture de la fenêtre, il était facile de deviner que l'incendie avait envahi sa chambre. Elle était perdue, perdue sans ressource, ainsi que les autres habitants de l'hôtel qui n'avaient pu encore réussir à se sauver, et jusqu'alors les valets seuls et les femmes de chambre logés dans les communs avaient été arrachés à la mort. On proposait mille moyens pour essayer de venir au secours de Mme de

Niorres... mais tous ces moyens étaient impossibles à exécuter et le péril augmentait avec une vitesse effrayante... En ce moment on vint dire à ceux qui travaillaient dans le jardin que les deux jeunes filles, dont les appartements donnaient sur la cour, étaient dans une situation identique à celle où se trouvait leur mère, et qu'elles, aussi, se croyant perdues, paraissaient affolées d'horreur. Mᵐᵉ de Niorres disparut en cet instant derrière un nuage rougeâtre... la foule entière poussa un même cri d'effroi. Le marquis Camparini, ses vêtements en lambeaux, sa chevelure à demi brûlée était au milieu des décombres fumants, donnant des ordres, dirigeant une partie des travaux et se faisant obéir de la masse des travailleurs avec une autorité admirable. En voyant l'effrayant péril que courait Mᵐᵉ de Niorres, il poussa un cri de colère. « Morbleu ! dit-il, il ne sera pas dit que j'aurai vu une femme périr sous mes yeux sans avoir rien fait pour la sauver. » Et saisissant une échelle, en dépit des efforts que faisaient ceux qui le retenaient en l'assurant qu'il allait au devant d'une mort inutile, il l'appliqua contre la muraille embrasée et croulante et il s'élança. « Le feu a gagné la chambre des jeunes filles ! s'écria un valet en se précipitant vers le lieutenant de police. — Mille louis à qui les sauvera ! » cria M. Lenoir. Mais, quoique la récompense fût belle, personne n'osa tenter l'entreprise, et le silence répondit à la voix du lieutenant de police. Ce fut alors qu'en voyant l'hésitation générale, M. le comte de Sommes s'élança généreusement, comme s'était élancé son ami. L'un du côté du jardin et l'autre du côté de la cour tentèrent, avec un dévouement admirable, l'œuvre de sauvetage. Le premier qui réussit fut le marquis Camparini. Son échelle était embrasée au moment où il avait atteint la fenêtre à laquelle se cramponnait Mme de Niorres. Saisissant alors une corde dont il avait eu la précaution de se munir, il attacha le corps de la femme évanouie et il le descendit lentement. Puis, quand il eut vu en sûreté celle qu'il venait d'arracher à la mort, il songea seulement à sa propre conservation. Aussi, quand il sortit sain et sauf du milieu des décombres, la foule entière l'acclama avec frénésie. Mme de Niorres avait rouvert les yeux, et avec le sentiment de l'existence, lui était revenu le souvenir du danger que couraient ses filles. « Blanche ! Léonore ! mes enfants, criait-elle avec une expression impossible à rendre. Laissez-moi !... je veux les sauver ou mourir avec elles ! » Et, se débattant entre les mains de ceux qui s'efforçaient de la calmer, elle voulait se précipiter de nouveau au milieu du foyer ardent. « Mes filles ! mes enfants !... » répétait-elle avec les cris les plus déchirants, se tordant les bras, s'arrachant les cheveux. C'était affreux, épouvantable ! Tous ceux qui étaient là se sentaient défaillir en présence de cette expression de désespoir de la pauvre mère...

— Ah ! dit la marquise, grâce à votre récit, j'aurai ce soir une mine épouvantable !

Et elle respirait son flacon, bien que ses traits ne fussent pas le moindrement altérés.

— Ce que dit Léonard est parfaitement exact, ajouta le comte de Sommes, et je vois que le rapport de M. Lenoir était de la plus scrupuleuse véracité. Mme de

Niorres était dans un état d'exaltation désespérée qui avait atteint son paroxysme, lorsque je lui ramenai ses deux filles que j'avais heureusement pu sauver. Alors ce fut une scène d'un pathétique indescriptible entre cette femme et ces deux jeunes filles...

— Mais, interrompit Mᵐᵉ d'Horbigny, tandis qu'Armande la chaussait, dans tout cela je ne vois pas MM. d'Herbois et de Renneville, que cependant vous m'avez dit être arrêtés.

— Ce fut quelques instants après qu'ils furent pris, répondit Léonard.

— Quand Mᵐᵉ de Niorres fut revenue à la raison, continua le comte, quand elle fut certaine que ses enfants n'avaient aucune blessure, et qu'aucun nouveau danger ne les menaçait plus, toute son anxiété se reporta sur son beau-frère le conseiller, et sur les autres membres de la famille. On les croyait sauvés. Ceux qui travaillaient dans le jardin pensaient que les habitants de l'hôtel avaient pu fuir par les croisées donnant sur la cour. Ceux qui combattaient l'incendie du côté de la rue supposaient que M. de Niorres et les siens avaient été recueillis par la foule luttant avec le fléau du côté du jardin. Malheureusement, il n'en était rien, et on s'aperçut que, des personnes renfermées dans les bâtiments, Mᵐᵉ de Niorres et ses filles étaient les seules retirées saines et sauves de la fournaise ardente. Et cependant aucun cri ne se faisait entendre, aucun appel que celui de la mère et ceux des jeunes filles n'était arrivé jusqu'à nous. « Il faut retourner au milieu de ce foyer, s'écria le marquis Camparini, et essayer de sauver encore quelques-uns des membres de cette famille. Allons, Messieurs, continua-t-il en s'adressant à Lauzun, à moi et à M. Lenoir, voulez-vous tenter l'aventure ? » Pour toute réponse, nous demandâmes des échelles.

M. de Sommes s'était levé dans l'animation que lui causait le récit qu'il faisait et, placé en face de la marquise, il demeurait debout, appuyé contre la glace de la toilette.

Mme d'Horbigny, les pieds sur un coussin, le dos renversé sur le fauteuil, jouant d'une main avec le flacon dont elle ouvrait et refermait tour à tour le bouchon armorié, écoutait d'un air nonchalamment distrait son interlocuteur.

Léonard avait terminé sa coiffure ; mais, curieux sans doute d'assister à la fin du récit entamé par le comte, il prolongeait son séjour dans le cabinet de toilette en relevant une boucle, en ajoutant çà et là une fleur au volumineux parterre qu'il avait fait épanouir sur la tête poudrée à blanc de sa belle cliente.

— Eh bien ! comte, vous vous arrêtez ? Continuez donc... tout cela m'intéresse au plus haut point, dit la marquise du ton dont elle eût demandé à Armande si sa perruche favorite avait bien mangé ses cerises. Vous racontez d'une façon si charmante qu'il me semble, en vérité, avoir assisté au spectacle de ce que vous décrivez.

— La partie sud des bâtiments, continua le comte de Sommes, était celle qui, jusqu'alors, avait le moins souffert des atteintes du feu ; de ce côté il n'existait aucune fenêtre au rez-de-chaussée. Quant aux deux escaliers, il était inutile de penser à s'en servir ; les flammes les dévoraient du vestibule aux marches les plus élevées. Le premier étage n'offrait plus que le spectacle d'un immense embrasement : le second seul était encore abordable du côté que je viens d'indiquer, mais encore n'était-ce qu'à travers une suite de périls imminents et tous mortels que l'escalier était praticable. Camparini s'élança le premier, et nous le suivîmes. Par les ordres de M. Lenoir, on amassa au pied des murailles des matelas, des couvertures pour amortir la chute de ceux de nous qui tomberaient, puis on réunit sur ce même point une partie des travailleurs, afin d'empêcher le progrès du feu d'arrêter forcément notre entreprise. La fenêtre, par laquelle nous entrâmes, donnait dans une petite pièce attenant au cabinet de M. de Niorres, lequel cabinet communiquait avec l'appartement particulier du conseiller. Camparini, toujours calme et intrépide, était en tête, M. Lenoir le suivait ; puis venait Lauzun, et moi qui fermait la marche. La petite pièce était remplie de fumée, mais encore intacte.

— Comment, vraiment ? dit la marquise en ouvrant ses grands yeux étonnés ; vous avez été tous quatre risquer une mort horrible pour sauver des gens que vous connaissez à peine ? Mais c'est de la folie, cela !

— C'était tout ce que vous voudrez, marquise, mais nous ne réfléchissions probablement pas.

— Oh ! certes, fit Mᵐᵉ d'Horbigny avec le plus beau sang-froid ; car si vous eussiez réfléchi...

— Ces messieurs ont déployé, il paraît, un courage réellement héroïque, dit le coiffeur. Le témoignage de M. Lenoir, à cet égard, était formel. « M. de Lauzun, disait à Sa Majesté le lieutenant de police, a été parfait de calme et de sang-froid au milieu du péril ; MM. de Sommes et Camparini méritent les plus beaux éloges. » Je répète les propres paroles de M. Lenoir, ajouta Léonard.

— Eh bien ! reprit la marquise, c'est très joli, cher comte. Mais où en étiez-vous donc ?

— M. le comte, répondit Léonard, disait qu'il venait de pénétrer, ainsi que le marquis, le duc et M. Lenoir, dans la petite pièce attenant au cabinet du conseiller.

— Nous fûmes quelques instants à pouvoir nous habituer à respirer au milieu de cette atmosphère empestée d'une fumée âcre et nauséabonde, reprit M. de Sommes. Puis, quand nous pûmes nous diriger, nous entrâmes dans le cabinet du conseiller. Ce cabinet était également désert. Le marquis marchait toujours en tête et nous dirigeait comme s'il eût une parfaite connaissance des lieux. Le lieutenant de police en fit même la remarque. « C'est, répondit Camparini, qu'avant de me lancer avec vous dans cette entreprise hasardeuse, j'ai voulu, autant que possible, atténuer les chances mauvaises en nous évitant des pertes irréparables de temps en recherches infructueuses. J'ai demandé à un valet les détails les plus précis sur la distribution intérieure du second étage. Ainsi, cette autre porte doit nous conduire dans la chambre à coucher du magistrat. » Effectivement, Camparini avait raison ; mais la chambre était également vide. De là nous passâmes dans un salon, puis dans un autre : mais nulle part nous ne trouvions M. de Niorres, et les flammes augmentaient de fureur, et nous marchions sur des parquets qui éclataient sous nos pieds... Le second étage était inhabilité... « M. de Niorres est mort ou il est parvenu à se sauver tandis que nous arrivions à son aide, dit le lieutenant de police. — Cherchons encore ! répondit Camparini. — Notre dévouement nous sera fatal, fit observer Lausan. Voyez ! les flammes nous entourent ! — Messieurs, ajouta M. Lenoir, vous avez fait humainement tout ce qui pouvait être tenté. Persévérer serait une coupable imprudence. Redescendons. » Mais Camparini s'avançait toujours en dépit du péril effroyable. Son exemple nous électrisait et nous faisait oublier le danger...

— Oui, certes, dit Léonard. Le lieutenant de police disait à la reine qu'il manquait d'expressions pour peindre comme elle méritait de l'être, l'admirable conduite du gentilhomme italien.

— Le courage est une belle chose ! fit la marquise en regardant ses dents dans un petit miroir à main.

— Tout à coup, continua le comte de Sommes, et au moment où, persuadés enfin de l'inutilité de notre généreuse tentative, nous nous unissions pour décider le marquis à profiter de la dernière chance de salut qui nous restât peut-être, un cri se fit entendre à peu de distance, au commencement d'une galerie sur laquelle s'ouvraient les appartements du second étage. C'était le premier accent humain que nous entendions sortir de cette épouvantable fournaise. Camparini bondit en avant : nous nous précipitâmes, et, traversant un véritable mur de flammes, nous atteignîmes une porte brisée, et par l'ouverture de laquelle roulait vers nous un torrent de fumée noirâtre. Comme nous l'apprîmes ensuite, cette porte était celle donnant accès dans l'appartement de M⁽ᵐᵉ⁾ de Versac, la belle-fille du conseiller au parlement. C'était de cet appartement qu'était parti le cri qui avait arrêté notre retraite au moment où elle allait s'effectuer. En cet instant, un pan de mur entier s'écroula sur notre gauche, et les cris de la foule se mêlèrent au vacarme assourdissant produit par cette chute de la muraille minée par le feu. Heureusement, le pan de mur s'était renversé sur la cour; aucun de nous n'avait été atteint, et un courant d'air, produit par la destruction de cette partie des bâtiments, chassa la fumée qui nous empêchait d'entrer dans la chambre de M⁽ᵐᵉ⁾ de Versac. Cette fois, ce fut M. Lenoir qui se précipita à notre tête. A peine eut-il pénétré dans la pièce inondée d'une lumière rougeâtre, qu'un cri, dont il est impossible de rendre l'expression, retentit de nouveau. Nous étions tous entrés, et en face de nous, nous apercevions M. de Niorres, les vêtements en lambeaux, les yeux hagards, du sang aux mains et au visage, les traits décomposés, dans un état effrayant enfin. Lui aussi nous avait vus, ou plutôt il n'avait vu que M. Lenoir. Se précipitant vers lui, il l'étreignit avec une violence extrême. « Justice ! justice ! s'écria-t-il d'une voix tremblante d'émotion, de colère et de désespoir. A l'aide ! à moi ! je tiens les coupables ! les voici ! et voici encore les cadavres de ceux qui crient vengeance. » Etonnés, stupéfaits, nous suivions du regard la direction que nous indiquait le geste du conseiller au parlement, et une même exclamation s'échappa de nos lèvres. Nous avions sous les yeux un horrible spectacle, dont la contemplation effaça de nos esprits toute la pensée des périls de la situation présente. Cinq cadavres gisaient étendus dans un angle de la chambre. M. de Nohan, sa femme, Mme de Versac, son fils et son neveu étaient là, sans mouvement et sans vie. Les deux premiers avaient le corps à demi consumé comme s'il eût été en partie dévoré par le feu. Mme de Versac avait le crâne fracturé ; ses mains, roidies par les convulsions suprêmes, attestaient les efforts d'une lutte impuissante. Les deux enfants étaient étendus sur la poitrine de la jeune femme ; celle-ci les étreignait fortement de son bras gauche. On devinait facilement à la disposition des trois cadavres, que la jeune et courageuse belle-fille du conseiller avait voulu défendre, jusqu'à son dernier soupir, les deux pauvres petites créatures que son dévouement n'avait pu cependant préserver d'un abominable meurtre. Quant à M. de Nohan et à sa femme, il était impossible de s'expliquer dans quelle circonstance ils avaient été frappés tous deux. On eût dit, à examiner la façon dont les deux corps étaient placés, qu'ils eussent été jetés dans la chambre de Mme de Versac après avoir reçu le coup fatal...

— C'est bien cela, en effet, M. le comte, dit vivement Léonard ; M. Lenoir expliquait à Sa Majesté...

— Mais taisez-vous donc, Léonard, interrompit Mme d'Horbigny avec impatience ; vous ne vous occupez que de choses qui ne vous concernent pas, et vous me coiffez, ce matin, avec une maladresse sans égale ! Qu'est-ce que cela vous fait, je vous le demande, ce qui s'est passé cette nuit à l'hôtel de Niorres ? Soyez sensible à vos heures, mon cher, et celle où nous sommes n'appartient pas à votre délicatesse d'âme, mais bien à votre talent de coiffeur !...

Léonard se redressa, et l'une de ces impertinences qu'il se permettait si souvent à l'égard de ses clientes allait sans doute s'échapper de ses lèvres; mais le désir d'écouter la fin du récit du comte de Sommes arrêta la réplique prête à s'élancer. La curiosité surexcitée domina le désir de se venger d'une humiliation.

— Le cadavre de cet homme, reprit le comte, ceux de ces deux femmes et de ces jeunes enfants, dont l'un entrait à peine dans la vie, formaient un tableau d'une désolation saisissante. Puis, debout devant nous, les cheveux blancs en désordre, l'œil ardent et la main frémissante, ce vieillard demandant justice au nom de sa famille immolée. Enfin, à quelques pas plus loin, immobiles et comme terrifiés, ceux que M. de Niorres désignait comme coupables.

— Les meurtriers! dit la marquise en paraissant cette fois sortir de son état d'insensibilité ordinaire; vous les avez vus?

— A peu près aussi bien que je vous vois, marquise; car à défaut des rayons du soleil, nous avions les reflets de l'incendie, et jamais plus ardente illumination n'a éclairé aussi splendidement un plus saisissant spectacle. Il me semble l'avoir encore là devant les yeux.

— Et ces deux assassins désignés par M. de Niorres, c'étaient?...

— M. le marquis d'Herbois et M. le vicomte de Renneville.

— Le marquis et le vicomte, reprit M. de Sommes après une légère pose, paraissaient, je le répète, accablés tous deux sous le poids de l'horrible accusation que lançait sur leur tête le conseiller au parlement. Que s'était-il passé entre ces trois hommes avant notre arrivée ? Pourquoi, si le marquis et le vicomte avaient l'intention criminelle d'anéantir tous les membres de la famille de Niorres, avaient-ils laissé seul vivant ce vieillard ? Que signifiait, enfin, l'attitude dans laquelle nous les surprenions, et comment, les forfaits accomplis, n'avaient-ils point cherché à fuir, à se frayer un passage au milieu de l'incendie que nous venions de traverser nous-mêmes ? Voilà toute une série de questions fort importantes, marquise ; questions auxquelles je déclare être dans l'incapacité de répondre, et la torture elle-même, je l'avoue, ne pourrait m'arracher une supposition à cet égard. Il y avait là, évidemment, devant nous, un mystère que ni le marquis, ni le duc, ni moi, ni le lieutenant de police ne paraissaient deviner. Qu'a dit M. Lenoir à ce propos, Léonard ?

— Rien de positif, monsieur le comte, répondit le coiffeur. La reine, après avoir écouté le récit du lieutenant de police, a fait les mêmes observations que vient de s'adresser M. le comte ; mais M. Lenoir a déclaré également ne pouvoir y répondre. Tout ce qu'il a su, après avoir interrogé M. de Niorres ce matin, c'est que le conseiller avait transporté dans ses bras les cadavres de sa fille et de son gendre jusque chez Mme de Versac. Quand M. de Niorres a pu s'élancer au secours de Mme de Nohan, il était déjà trop tard. Le conseiller était dans son cabinet alors que l'incendie a éclaté. A la révélation du péril, le vieillard s'était élancé. Les flammes partaient du premier étage, précisément de l'appartement de M. de Nohan. M. de Niorres, à l'aide d'un escalier dérobé, s'était précipité pour voler vers sa fille ; mais sans doute les incendiaires avaient pris toutes leurs mesures, car l'incendie éclatait à la fois sur quatre points différents de l'hôtel avec une violence attestant qu'il avait été allumé par une main criminelle. Le conseiller s'était vu tout à coup entouré par les flammes. Pensant que M. de Nohan était près de sa femme, et sachant bien que le digne gentilhomme ferait tout au monde pour la sauver, M. de Niorres songea à Mme de Versac, seule avec ses deux enfants. Remontant rapidement le petit escalier qu'il venait de descendre, il courut vers l'appartement de sa bru : là aussi l'incendie commençait. M. de Niorres se rua sur la porte ; mais cette porte, qu'il croyait fermée, s'ouvrit sans peine au premier choc... Mme de Versac, assassinée, gisait sur le parquet avec son fils et son neveu. En apercevant ce spectacle, M. de Niorres poussa un cri effrayant qui déchira les airs...

— C'est ce cri que nous avons entendu au début de l'incendie, fit observer le comte.

— Épouvanté, à demi fou de douleur, le vieillard, reprit Léonard, se précipita vers le premier étage de son hôtel. Comment parvint-il, au milieu des flammes, jusqu'à l'appartement de sa fille et de son gendre ? Il ne pouvait le dire, il ne se souvenait plus... M. de Niorres ne se rappelait qu'une seule chose, c'était le désir immodéré qu'il ressentit tout à coup de mourir au milieu de ceux qu'il avait tant aimés... C'était en rentrant dans la chambre de la pauvre veuve qu'il avait rencontré les coupables...

— Eh bien ! fit le comte de Sommes en voyant Léonard s'arrêter ; ensuite ?...

— Ensuite, répondit le coiffeur, je n'en sais pas plus long que monsieur le comte.

— Quoi ! le lieutenant de police n'a rien ajouté ? Il n'a pas poussé plus loin l'interrogatoire du conseiller ?

— M. Lenoir a fait ce qu'il a pu pour obtenir des éclaircissements du conseiller ; mais il n'a jusqu'ici rien appris sur ce qui s'était passé entre M. de Niorres et le marquis et le vicomte jusqu'au moment de votre arrivée. M. de Niorres ne se souvenait pas... C'était en vain qu'il interrogeait sa mémoire rebelle, il ne pouvait en faire jaillir un souvenir. Le meurtre de Mme de Versac, celui de ses deux petits-fils, l'assassinat de Mme de Nohan et la mort de son gendre, ces cinq crimes, commis presque instantanément et découverts par le conseiller en l'espace de quelques secondes, à la lueur d'un incendie dévorant la demeure de ses pères, avaient causé à son cerveau, un choc tellement violent qu'une perturbation bien explicable avait troublé ses organes. M. de Niorres pensait avoir subi un accès de folie. Ce qu'il y avait de certain, c'est qu'il ne se rappelait rien entre le moment où il était rentré dans la chambre de sa bru, transportant dans ses bras les cadavres de sa fille et de son gendre, et l'instant où M. Lenoir avait pu procéder à l'arrestation de ces abominables assassins...

— Léonard ! dit le comte de Sommes avec un accent de mécontentement prononcé, vous parlez d'hommes de naissance...

— Monsieur le comte, la noblesse de France ne peut être responsable des crimes de ces gens dont nous parlons.

— Mais ces crimes ne sont pas suffisamment prouvés pour que vous puissiez vous exprimer ainsi sur le compte du marquis d'Herbois et du vicomte de Renneville.

— Comment! dit la marquise avec étonnement, vous défendez ces messieurs?

— Pardonnez-moi, marquise, je ne défends pas ; seulement j'attends pour juger. J'ai souvent entendu parler de ces deux jeunes gens ; ce sont, il paraît, deux braves et excellents officiers de la marine royale.

— Sans aucun patrimoine, monsieur le comte, et possédant chacun des dettes énormes, dit Léonard.

— Ces dettes ont été contractées par leur situation dans le monde et à la cour! répondit vivement le comte. D'ailleurs, qui n'a pas de dettes?

— Cependant, monsieur le comte, eux seuls avaient intérêt à commettre ces crimes ! M. Lenoir affirmait, à Sa Majesté, qu'il avait entre les mains les preuves écrites que ces deux gentilshommes avaient engagé l'avenir, relativement au futur héritage de leurs futures femmes pour solder une partie de leurs dettes, et pour que les demoiselles de Niorres pussent hériter de leur oncle il fallait bien que la ligne directe fût entièrement supprimée, ce qui a eu lieu cette nuit.

— C'est possible, dit le comte avec impatience ; mais j'espère encore que la justice éclairera cette affaire, car, je le répète, je m'intéresse vivement, pour ma part, à ces deux pauvres jeunes gens...

— Mais, interrompit la marquise, vous ne m'avez pas dit, comte, comment vous étiez sorti de cette fournaise?

— Les secours habilement dirigés, répondit M. de Sommes, étaient parvenus à lutter avec avantage contre l'incendie, tandis que nous explorions une partie des bâtiments à la recherche du conseiller. A peine un chemin jusqu'à nous fut-il jugé praticable que des soldats du guet, des agents de M. Lenoir, d'intrépides travailleurs s'étaient précipités à notre secours. On nous croyait perdus... Quand on nous trouva, nous étions encore dans l'appartement de Mme de Versac...

— Et MM. d'Herbois et de Renneville se sont laissé arrêter sans résistance ?

— Ils n'ont pas prononcé une parole.

— Et on les a conduits ?...

— A la Bastille, je suppose.

— Et M. de Niorres et sa belle-sœur, et ses nièces ? demanda la marquise, dont la curiosité paraissait avoir fini par s'éveiller.

— Ma foi, répondit le comte, je n'ai aucune nouvelle à vous donner d'eux. Camparini, Lauzun et moi étions exténués, à moitié rôtis, et comme il n'y avait plus personne de vivant dans l'hôtel à retirer des flammes, nous nous empressâmes de nous dérober aux félicitations, aux éloges, à l'enthousiasme même que chacun croyait devoir nous témoigner, et nous évitâmes prudemment les dangers d'une ovation populaire.

— Eh bien mais ! et celui que votre marquis italien a blessé ou tué avec ses pistolets ? qu'est-ce qu'il est devenu, celui-là ?

— Tiens ! s'écria le comte en se frappant le front ;

vous m'y faites songer, marquise! J'avais tout à fait oublié ce malheureux-là... Ma foi ! je ne sais ni qui il est, ni où il est, s'il vit encore ou si Camparini l'a tué.

— M. Lenoir n'en a pas parlé, dit Léonard, que la marquise interrogeait du regard ; il n'a pas dit un mot de cet homme.

— Eh bien ! belle marquise, dit le comte en saisissant dans les siennes une main blanche et fine qu'il porta galamment à ses lèvres, vous ne direz pas que votre matinée n'a pas eu sa série d'émotion ! Je suis sûr que Léonard en est au moins à sa dixième édition depuis que M. Lenoir lui a communiqué le sujet de la première ?

— Je suis venu de Versailles chez madame la marquise, répondit Léonard en essuyant ses doigts blancs de poudre à une fine serviette que lui offrait la camériste.

— A propos, fit Mme d'Horbigny comme si elle se souvenait tout-à-coup d'une communication importante à faire, à propos, le marquis Camparini aura perdu son pari ! C'est très malheureux pour lui, car ce n'est certes pas sa faute !

C'était la seule réflexion que le récit, fait par le comte et par Léonard, avait suggéré à l'esprit de la belle marquise.

VIII

LE MARQUIS

La coiffure de Mme d'Horbigny était enfin complètement achevée.

Léonard, après avoir donné un dernier coup d'œil à l'ensemble de la tête de la marquise, rabattit délicatement ses manchettes, secoua son jabot, prit son chapeau qu'il avait déposé sur un meuble voisin, salua et sortit.

Armande, la femme de chambre, rangeait sur la toilette de sa maîtresse les mille petits accessoires qu'avait inventés la coquetterie de nos grand'mères, et dont l'usage venait d'être sanctionné par les soins qu'avait pris la marquise d'utiliser toutes ces nombreuses inutilités.

Le comte fit un signe imperceptible à Mme d'Horbigny. Celle-ci, sans bouger de son siège, répondit par un coup d'œil rapide ; puis, s'adressant à Armande :

— Mes odeurs, demanda-t-elle.

La camériste fouilla au milieu des boîtes placées sur la table de toilette, et, ne trouvant pas le coffret qu'elle chercha, elle s'élança hors la pièce.

— Avez-vous des nouvelles de Saint-Nazaire? demanda vivement le comte en baissant la voix.

— Non, répondit la marquise sur le même ton. Pas depuis la lettre que je vous ai remise avant-hier matin; pourquoi cette question?

— Parce que j'ai reçu, avant-hier dans la journée, une visite importante.

— De quelle part?

— De la part d'un homme qui pourrait devenir un ennemi fort dangereux.

— Et qui se nomme?...

Armande, en rentrant dans le boudoir, ne permit pas au comte de répondre.

— Madame, dit la camériste, on envoie de la part de Bernard, le teinturier; madame a-t-elle des ordres à donner?

En ce moment un valet de pied apparut sur le seuil de la pièce.

— Une lettre pour monsieur le comte, dit-il en présentant un billet sur un plateau.

Edouard prit la lettre, la décacheta, et après l'avoir rapidement parcourue:

— Cette personne est là? demanda-t-il.

— Oui, monsieur le comte, répondit le valet.

Edouard se tourna vers la marquise.

— Vous permettez?... dit-il.

— Vous n'avez pas besoin de permission, comte! répondit Mme d'Horbigny.

M. de Sommes salua gracieusement et quitta aussitôt le boudoir. Son front était plus pâle et ses lèvres plus pincées encore que de coutume.

— Où est la personne qui vous a remis ce billet? demanda-t-il au valet de pied en traversant un salon d'attente.

— Dans le grand vestibule; je ne savais s'il fallait introduire... dit le domestique.

— Eh bien! je descends au jardin; priez ce gentilhomme de venir me trouver.

Et le comte, qui venait d'atteindre le rez-de-chaussée de l'hôtel, se dirigea vers une porte vitrée s'ouvrant sur une magnifique pelouse.

Il n'y avait pas deux minutes qu'il faisait craquer sous ses pieds le sable de l'allée, qu'un personnage, vêtu avec l'extrême recherche d'un grand seigneur, s'élança vers lui...

— Eh! per dio! dit le nouveau venu avec un accent joyeux; vous faites donc faire antichambre à vos amis, cher comte?

— Je ne pensais pas que M. le marquis Camparini, n'ayant jamais été présenté à la marquise, pût venir ainsi chez elle? répondit sèchement le comte de Sommes.

— Eh! fit le marquis sans cesser de sourire de la façon la plus gracieuse, c'est précisément parce que je n'ai jamais été présenté à la ravissante maîtresse du cœur de mon meilleur ami, que je me suis permis de forcer sa porte. Diavolo! cher comte, je prétends que vous sollicitiez sur l'heure l'honneur insigne que je réclame!

— La marquise est à sa toilette...

— Alors faisons un tour de jardin en attendant le lever de cet astre éclatant.

Et Camparini, sans paraître se soucier, le moins du monde, de l'air plus que froid avec lequel l'accueillait le comte de Sommes, passa son bras sous celui de son ami et il l'entraîna rapidement dans une allée couverte.

— Il avait été convenu, dit le comte à voix basse, que tu ne mettrais jamais les pieds dans cet hôtel et que personne ne viendrait m'y demander.

— C'est possible, répondit Camparini ; mais les temps sont changés. Saint-Jean, le valet de chambre du conseiller de Niorres, ne pouvait effectivement, sans éveiller les soupçons, venir ici parler au comte de Sommes ; mais l'illustre marquis Camparini est du meilleur monde, lui, et, à ce titre, il a ses grandes entrées partout. D'ailleurs, ne deviendra-t-elle pas ma bru un jour, cette chère belle et...

— Plus bas ! interrompit brusquement le comte en regardant autour de lui avec effroi.

— Allons ! fit Camparini en riant, ne vas-tu pas rougir de ton père, maintenant? Morbleu ! que te faut-il donc? J'ai une généalogie superbe ! Les Camparini figurent agréablement sur tous les livres d'or de la Péninsule...

— Est-ce pour me dire cela que tu es venu? demanda le comte.

— Cela et autre chose ; qu'est devenu le matelot ?

— Quel matelot ?

— Eh ! pardieu, celui qui accompagnait d'Herbois et de Renneville.

— Celui sur lequel tu as tiré ?

— Oui.

— Il n'est donc pas mort ?

— C'est probable, puisque l'on n'a retrouvé nulle part son cadavre ; et cependant les recherches ont été bien faites, je t'en réponds.

— Il a disparu ?

— Complètement depuis le moment où je l'ai vu tomber.

— Mais tes deux balles l'avaient atteint.

— Mais, s'il était mort, il serait resté sur la place !

— Eh bien ! après tout, que nous importe cet homme ?

Camparini regarda le comte, et, haussant les épaules avec une expression de pitié :

— Presque rien, dit-il ; absolument rien même, si tu le crois. Seulement ce matelot connaît, comme nous, le fils de la Madone !

— Hein ? fit le comte en tressaillant.

— Et avant-hier, à Versailles, quand M. le comte de Sommes est descendu, dans la cour des Ministres, de la voiture de S. A. Monseigneur le duc de Chartres, ce matelot, qui nous importe si peu, a tressailli en voyant le noble gentilhomme, et s'est frappé le front comme pour éveiller dans son esprit un souvenir à demi effacé.

— Tu es certain de cela ?

— Je te prie de croire que j'ai une police autrement bien faite que celle de M. Lenoir.

— Mais tu ne m'avais rien dit...

— Je n'avais rien à te dire ; je voulais me débarrasser de l'homme à un moment venu. Cette nuit j'ai cru réussir, et cependant il n'est pas mort, je te le répète ; je ne l'ai pas tué quoique j'aie bien visé, car son cadavre n'a nullement été retrouvé.

— Mais alors où est-il ?

— Voilà ce que je me demande et ce qu'il serait assez important de savoir ; puis ce n'est pas tout...

— Quoi encore ?

— Tu viens de voir Léonard ?

— Sans doute, puisque j'étais venu, à cette intention, à l'heure de la toilette de la marquise.

— Il a entendu le rapport que M. Lenoir a fait à la reine ?

— Oui.

— Eh bien ! que s'est-il passé entre M. de Niorres et les deux marins avant que nous n'arrivassions dans la chambre de la bru ?

— On l'ignore ; le conseiller n'a rien dit.

— Rien absolument ?

— Léonard l'a affirmé d'après le récit du lieutenant de police.

— Corbleu ! dit Camparini avec impatience, cela est grave ! Comment ces deux hommes se sont-ils laissé arrêter sans protester de leur innocence ? Ils n'ont pas dit un mot ! Toutes mes précautions étaient admirablement prises, ainsi que tu l'as vu... Ils ne peuvent, aux yeux de la justice, démontrer leur innocence, mais ils auraient dû la crier sur les toits ! Au lieu de cela, ils se laissent arrêter sans même paraître émus de cette arrestation !... Je n'aime pas cela, Bamboulà !... Que diable, ils eussent dû se défendre au moins !...

— Que crains-tu donc ? demanda le comte.

— Eh ! voilà ce qui me chagrine, très-cher, c'est que je ne sais pas ce que j'ai à craindre... Enfin, nous verrons. M. Lenoir nous appellera tous deux ce soir dans son cabinet pour signer nos dépositions relativement à l'incendie... Nous tâcherons de nous trouver en même temps que le conseiller, et... j'ai un plan !...

— Et l'affaire de Saint-Nazaire ? dit le comte après un moment de silence ; tu sais que Picard n'est pas encore revenu ?...

— Misère, que cela ! répondit Camparini en secouant la tête. Fouché et ses compagnons seront mystifiés jusqu'au bout, et, pour apprendre à ce petit oratorien à se mêler de ce qui ne le concerne pas, je me charge de le fourrer jusqu'au cou dans les tripotages du duc de Chartres.

— Mais cet homme me paraît à craindre ?

— Bah ! il n'atteindra pas Nantes seulement. J'ai donné des ordres en conséquence, et s'il le faut, pour l'arrêter lui, le soldat, l'étudiant et le garçon de magasin, on emploiera les grands moyens.

Le marquis accompagna ces derniers mots d'un geste atrocement expressif.

— Ne te préoccupe pas de cela, Bamboulà. Pense plutôt à savoir ce qu'est devenu le matelot blessé par moi, et ce qui s'est passé cette nuit entre le conseiller et les deux marins. Maintenant, tu vas me présenter à la belle marquise d'Horbigny. J'ai besoin de causer un peu avec elle ! Morbleu ! ne me regarde pas avec un air étonné !... Je n'en suis pas amoureux de ta marquise, et, d'ailleurs, ne doit-elle pas bientôt me nommer son père ? Vive Dieu ! le beau jour pour elle !

Et Camparini, faisant pirouetter le comte, revint avec lui vers l'entrée de l'hôtel.

IX

LA VISITE INATTENDUE

Entraînés malgré nous par les événements, il est un côté de notre récit que nous avons laissé forcément dans l'ombre durant les derniers chapitres, et qu'il faut maintenant que nous remettions en lumière. Nous allons donc prier le lecteur de rétrograder de quinze heures environ et de revenir à la veille du jour où nous venons de le conduire chez la marquise d'Horbigny.

Deux personnages, que nous avons vus déjà jouer un rôle actif dans l'aventure de la jolie mignonne, étaient réunis dans une modeste chambre d'une rue étroite du faubourg Saint-Germain et s'occupaient, chacun de son côté, à entasser, dans deux valises, dont l'intérieur sali et déchiré attestait l'âge respectable et les loyaux services, du linge, des habits et des chaussures.

L'un de ces hommes était le professeur Fouché, et l'autre Jean, le garçon de maître Bernard.

— Nous devions partir ce matin à neuf heures, disait le premier avec impatience ; il est dix heures du soir, et nous ne sommes pas en route. Treize heures de retard !

— Il n'y a de la faute de personne, monsieur Fouché, répondit Jean en bouclant une courroie. Vous seul aviez assez d'argent pour entreprendre le voyage, et cet argent ne pouvait vous permettre d'emmener un compagnon. Il y a treize heures de retard, cela est vrai, mais aussi au lieu de partir deux, nous allons pouvoir partir quatre. Nicolas et moi serons de l'aventure, et que le diable m'emporte, si nous ne la menons pas à bonne fin !

— Ainsi Nicolas et Brune ont pu réellement emprunter quinze cents livres ?

— J'ai vu l'argent.

— Et c'est le comte de Sommes qui les a obligés ?

— Avec une bonne grâce touchante.

— Le comte de Sommes ! répéta Fouché en fronçant les sourcils. Cela est bien étrange.

— Pourquoi ? demanda Jean.

Fouché ne répondit pas. Abandonnant sa valise, il se promena à grands pas dans la petite chambre, puis, s'arrêtant brusquement devant le garçon teinturier :

— Vous avez vu ce comte de Sommes, vous ?

— Certes, répondit Jean, je le connais même parfaitement.

— Comment est-il ?

Jean recueillit un instant ses souvenirs, puis il fit un portrait détaillé du futur époux de la belle marquise d'Horbigny.

— C'est bien cela! murmura Fouché en frappant avec impatience le carreau recouvrant le plancher de la chambre.

— Nicolas et Brune disent qu'il a été charmant pour eux, ajouta Jean.

— Et qui les a conduits auprès du comte?

— Le personnage que nous avions rencontré, hier soir, à la maison de jeu du Palais-Royal.

Fouché recommença sa promenade. Après un assez long moment de silence, il se frappa le front avec un geste sec qui paraissait lui être familier.

Un éclair brilla dans ses yeux, sa physionomie, tout à l'heure assombrie et inquiète, s'éclaira soudain, et un sourire d'une finesse indéfinissable plissa l'extrémité de ses lèvres minces et pâles.

— Morbleu! murmura-t-il en redressant sa tête intelligente, le comte et la marquise sauront ce qu'il en coûte de jouer au plus fin contre moi! Allons, je devine tout! Cet homme de la maison de jeu était aposté là, c'est parfaitement clair... Le comte veut tout prévoir et mettre l'avenir à l'abri. En prêtant cet argent, il dépose en sa faveur si j'arrive à mon but et si je prouve que la fille de la marquise d'Horbigny est bien réellement morte. C'est fort adroit, mais pas encore assez cependant... Il a retardé, grâce à ce prêt obligeant, notre départ de plus de douze heures, et ces douze heures lui auront donné le temps d'agir... J'ai fait une école: j'aurais dû partir seul; les autres m'eussent rejoint en route. Enfin! la faute est faite. Il est certain qu'il lit à livre ouvert dans mon jeu, mais patience! J'ai le coup d'œil juste et pénétrant et je tiens le premier fil de l'intrigue... Nous verrons bien qui saura dérouler l'écheveau ! Oh ! nous trouverons des obstacles sur la route... mais nous sommes quatre maintenant ! Le comte n'a pas réfléchi que sa générosité, si habilement calculée cependant, nous permettrait de doubler nos forces !

Comme Fouché achevait ces réflexions dont nous sommes à même d'apprécier toute la sagacité, des pas accentués résonnèrent sur les marches de l'escalier de la maison.

— Ah ! dit Jean, voici sans doute Bruno et Nicolas. Ils doivent amener la voiture, nous allons partir.

Et le jeune homme courut ouvrir la porte de la chambre, laquelle porte donnait sur un carré commun à plusieurs logements.

Le gaz étant inconnu alors et l'huile étant fort chère, les propriétaires n'avaient point pour habitude d'éclairer l'intérieur de leur propriété. La nuit venue, l'escalier était plongé dans une obscurité complète, et ceux qui voulaient se prémunir contre le danger de se casser le cou en faisant un faux pas ou en manquant la corde qui courait le long de la muraille, allumaient le rat de cave que chaque bourgeois portait d'ordinaire dans la poche de son habit.

Jean, en avançant la tête au-dessus de la rampe massive taillée à pilastres, ne distingua donc absolument rien. Seulement le bruit des pas, faisant crier les marches, arrivait plus distinct jusqu'à lui.

— Est-ce vous, monsieur Bruno ? Est-ce toi, Nicolas ? demanda le garçon teinturier en se penchant davantage.

Un énorme soupir lui répondit, mais ce soupir n'avait ni l'accent d'une plainte, ni celui d'un regret. C'était l'exhalation de l'air s'échappant d'une poitrine oppressée et cherchant à reprendre une respiration qu'interrompait momentanément le travail de l'ascension.

Celui qui soupirait ainsi bruyamment devait bien certainement éprouver une fatigue réelle.

— Mon cher Monsieur qui parlez là-haut, dit une voix dolente, ne pourriez-vous pas nous prêter un petit bout de chandelle ! Moi et mon compère n'avons pas le moindre rat dans nos poches, et nous ne savons plus où nous en sommes.

— Attendez ! répondit Jean, je vais vous éclairer.

Et, rentrant dans la chambre, il prit une lumière qu'il apporta sur le carré.

— Ouf ! reprit la même voix, grand merci !... Ce diable d'escalier est plus pénible que celui des tours Notre-Dame où mon épouse m'a forcé, une fois, de monter avec elle. Cela vous arrache l'âme, n'est-ce pas, monsieur Gervais?

— Certainement, monsieur Gorain, répondit une autre voix partant de quelques degrés plus bas.

Les deux bourgeois arrivaient alors dans la zone éclairée par la chandelle que Jean tenait obligeamment au-dessus de la rampe.

— Tiens ! fit le garçon de maître Bernard en reconnaissant les amis de son patron, MM. Gervais et Gorain !

— Nous mêmes, mon cher... Eh ! fit M. Gorain en s'interrompant brusquement, je ne me trompe pas, c'est Jean !

— Pour vous servir, Messieurs.

— Ce n'est pas de refus, mon garçon. Puisque vous voilà, dites-nous donc un peu à quel étage nous sommes?

— Au quatrième.

— Bah! j'aurais juré que nous étions sous les toits.

— Au quatrième, répéta M. Gervais; mais n'est-ce point à cet étage qu'habite M. Fouché?

— Précisément! répondit Jean avec étonnement, car il savait que Fouché n'attendait pas la visite des deux bourgeois, et que cette visite fortuite, faite à pareille heure, au moment où le départ allait avoir lieu, paraissait extraordinaire au garçon de maître Bernard.

— Et laquelle de ces portes est celle du logis de M. Fouché? demanda M. Gorain en désignant du geste les différentes entrées des logements donnant sur le même palier.

— Celle-ci, répondit Jean en s'effaçant pour indiquer la porte demeurée ouverte.

— Et M. Fouché est là? demanda à son tour M. Gervais.

Jean répondit affirmativement. Les deux bourgeois se regardèrent avec un embarras manifeste; ils semblaient hésiter sur ce qu'ils avaient à faire. Enfin M. Gorain fit un pas en avant, son compagnon le suivit comme un soldat suit son chef de file; mais, arrivé sur le seuil de la porte, le digne propriétaire de l'avocat Danton s'arrêta et passa prestement derrière M. Gervais.

— A vous, compère, dit-il.

— Après vous, répondit M. Gervais en voulant opérer

une manœuvre semblable à celle habilement exécutée par son ami ; mais M. Gorain, profitant de son avantage, poussa Gervais en avant et, bon gré, mal gré, le futur fournisseur du ministre pénétra le premier dans la chambre.

Fouché, tout entier aux réflexions qui l'absorbaient, n'avait rien entendu, ni rien vu. Le dos tourné à la porte, le front appuyé contre l'une des vitres de la fenêtre, il laissait errer son regard dans les ténèbres régnant au dehors. Il fallut que Jean l'appelât pour le tirer de sa rêverie.

— Monsieur Fouché, dit le garçon teinturier, voici MM. Gorain et Gervais qui vous demandent.

Fouché se retourna brusquement, et en apercevant devant lui les deux bourgeois dont, la veille au soir, chez Bernard, les réticences, les embarras et les demi-mots lui avaient paru singulièrement équivoques, il rapprocha ses sourcils par un froncement menaçant.

— Que désirent ces Messieurs ? demanda-t-il d'un ton sec et en attirant à lui la lampe placée sur la table afin de mettre les deux visiteurs en pleine lumière.

— Mon Dieu !... dit M. Gorain en mâchant ses paroles, c'est M. Gervais, mon compère, qui désirait... qui voulait...

— Du tout ! interrompit Gervais ; c'est vous, monsieur Gorain, qui aviez l'intention de venir...

— Oui, dit le propriétaire en paraissant se décider à parler nettement ; nous venions chez vous de la part de Bernard, notre ami, notre pauvre et excellent ami, afin de vous faire ses recommandations suprêmes avant ce départ...

— Ah! fit Fouché d'un ton qui indiquait qu'il ne croyait pas un mot de ce que disait le bon bourgeois.

— Bah! ajouta vivement Gervais. Dites la vérité à M. Fouché, Gorain! Il ne se fâchera pas. Nous venions vous trouver dans la meilleure intention du monde... Au moment d'un départ précipité, souvent la bourse est légère, et nous avions pensé que, Bernard ne pouvant vous aider dans cette circonstance, il était de notre devoir d'amis de... parce que... enfin, vous comprenez.

M. Gervais, qui avait d'abord lancé un coup d'œil triomphant à son compagnon, comme s'il eût voulu lui dire : « Voilà comment on s'y prend pour arranger les choses ! » M. Gervais avait perdu, peu à peu, son assurance en sentant peser sur lui le regard calme et froid de Fouché, et il avait même fini par s'embrouiller complètement dans sa phrase.

— Que diable veulent ces gens? pensait Fouché. Qui les envoie? quel rôle jouent-ils donc dans cette affaire? Quel est le ressort qui fait mouvoir ces machines?... Il faut que je sache la vérité.

Et sa physionomie, changeant subitement d'expression, devint aimable et gracieuse, presque enjouée.

— Je reconnais bien là votre excellent cœur, Messieurs, dit-il de sa voix la plus caressante, et je vois que je ne m'étais pas trompé en vous regardant tous deux comme les meilleurs et les plus dévoués amis de ce pauvre Bernard et de sa chère femme. Asseyez-vous donc, je vous en prie ! que je puisse avoir le loisir de vous exprimer tout l'honneur que je ressens de votre visite inattendue...

Et, se précipitant vers deux chaises garnies de crin noir, il les offrit poliment aux deux bourgeois.

— Mon cher Jean, reprit-il en s'adressant au garçon de maître Bernard, voici l'heure où MM. Brune et Nicolas vont arriver avec la voiture. Je crois qu'il serait bon que vous descendissiez les attendre sur le seuil de la porte de la maison, afin d'éviter toute erreur, car la nuit est noire et ces messieurs connaissent à peine ma demeure.

— J'y vais! répondit Jean en sortant.

— Mais asseyez-vous donc, Messieurs, continua Fouché en voyant l'hésitation nouvelle qui s'était emparée de ses deux visiteurs, et parlons de ce qui vous amène. Croyez que je serais le premier à accepter l'offre généreuse que vous me faites. Heureusement pour nous, elle est maintenant inutile. M. le comte de Sommes a daigné venir en aide à mes compagnons. Cependant, soyez persuadés que leur reconnaissance, envers vous, ne sera pas moins grande.

Fouché, l'un des plus sombres génies de cette merveilleuse époque qui a produit tant de héros, Fouché, dont l'histoire n'a pas encore démêlé clairement la véritable conduite, avait eu toute sa vie un principe duquel il se départait rarement : il pensait que l'arme la plus puissante que puisse employer la ruse est souvent la plus brusque et la plus entière franchise. Son regard scrutateur avait percé à jour les deux bourgeois qu'une main invisible poussait vers lui ; il devinait ce qui se passait dans leur âme, il lisait clairement dans leur pensée.

Il comprenait parfaitement que le sentiment qui faisait agir Gorain et Gervais n'était ni leur amitié pour Bernard ni l'intérêt qu'ils prenaient au voyage que lui, Fouché, allait entreprendre. Il démêlait, dans leur conduite présente, dans leurs paroles de la veille, un côté mystérieux qu'il était résolu à pénétrer. L'instinct de Fouché lui disait qu'il devait y avoir, derrière ces deux hommes, un ennemi puissant, et cet instinct ne lui permettait pas de prendre le change. Tromper des esprits comme ceux de MM. Gorain et Gervais ne devait pas être chose bien difficile ; mais il fallait avoir l'air d'être trompé par eux pour atteindre le but plus sûrement.

Les deux bourgeois parurent complètement mis à l'aise par ce que venait de leur dire l'oratorien, et leur visage exprima une satisfaction manifeste. Fouché surprit, sans le laisser voir, le coup d'œil échangé par ses visiteurs, coup d'œil empreint de cette bonne grosse malice de gens d'esprit médiocre qui se croient supérieurs.

— Comme cela, reprit M. Gorain après un moment de silence, nous ne pouvons pas vous être utiles ?

— Dans l'intention que vous aviez, non ! répondit Fouché.

— C'est fâcheux ! reprit Gervais.

Les deux bourgeois se regardèrent encore, comme s'ils eussent voulu s'engager mutuellement à aborder un entretien difficile.

— Voyons ! dit Fouché du ton le plus insinuant, je vous vois embarrassés, Messieurs ; vous semblez hésiter à me confier quelque chose d'important? Ce que vous venez de me dire n'est que le prétexte à votre visite, je le sais bien. Quel motif réel vous a conduits chez moi ? Dites-le sans crainte de me déplaire.

— Mon Dieu ! fit M. Gervais en balbutiant un peu, il est vrai que... n'est-ce pas, mon compère ?

— Dam ! ajouta M. Gorain, je ne vous cacherai pas, mon cher monsieur Fouché, que nous avions effectivement pensé... n'est-ce pas, Gervais?

— Pensé quoi? demanda nettement Fouché.

— C'est relativement à Bernard et à sa chère petite fille, la jolie mignonne, que...

— Et vous vouliez me proposer ? interrompit Fouché en ramenant au sujet son interlocuteur.

— C'est à propos de votre voyage... ajouta de son côté M. Gervais.

— Eh bien ?

— Eh bien ! cher monsieur Fouché, Gorain et moi pensions... parce que... nous nous disions comme ça... que si nous pouvions être utiles...

— J'ai déjà eu l'honneur de vous remercier de vos bonnes intentions, dit Fouché que les réticences des deux bourgeois commençaient à impatienter singulièrement.

— Oh ! il ne s'agit plus d'argent ! répondit vivement M. Gorain.

— De quoi s'agit-il donc alors ?

— Des dangers du voyage, dit Gervais.

— Et, ajouta l'autre bourgeois, nous nous imaginions que si vous aviez besoin de nous...

— Ah ! dit Fouché en comprenant enfin, vous venez me demander de partir avec moi ?

— C'est cela même ! dit Gorain en poussant un profond soupir de soulagement.

— Vous voulez que nous voyagions ensemble?

— Dame! vous savez? fit Gorain en se dandinant sur sa chaise, plus on est de fous, plus...

— Mais, interrompit Fouché, vous ne savez pas où nous allons...

— Raison de plus! nous aurions le plaisir de la surprise, et puis, ce pauvre Bernard, sa chère enfant...

— Et cette pensée-là vous est venue ce soir subitement?

— Mon Dieu! oui... après souper...

— Et c'est vous, monsieur Gorain, qui avez voulu...

— Oh! fit Gorain, c'est moi et puis Gervais...

Fouché regardait les deux bourgeois avec une attention profonde. Leur visite inattendue l'avait tout d'abord surpris, et il s'était demandé quel pouvait être le but de cette démarche extraordinaire. Maintenant qu'il connaissait ce but, sa stupéfaction augmentait de minute en minute.

Le bourgeois de Paris n'a jamais eu la réputation d'être ami du déplacement, et à cette époque surtout, où les moyens de locomotion étaient si pénibles et souvent si dangereux pour les masses, un voyage de quinze lieues seulement était toute une affaire. Avant de partir, on faisait son testament, on bénissait ses enfants, et on disait adieu à tous ses voisins.

Des gens d'un caractère paisible, comme l'étaient les deux dignes amis, se décidaient bien rarement à perdre de vue les tours Notre-Dame ou la coupole des Invalides. Pour que Gorain et Gervais vinssent inopinément, à dix heures du soir, solliciter de Fouché, qu'ils connaissaient à peine, la permission de s'embarquer avec lui pour un voyage dont ils ignoraient le but, il fallait qu'un motif bien puissant les poussât en avant.

Fouché se creusait la tête pour parvenir à démêler la main qui tenait le fil auquel obéissaient les deux estimables pantins. M. Gorain et M. Gervais attendaient en silence la réponse de l'oratorien.

Tout à coup celui-ci se mordit les lèvres et ferma à demi ses paupières : il venait de rencontrer la solution qu'il cherchait si ardemment.

— Ce sont là évidemment des espions lancés à mes trousses ! pensa-t-il. Seulement, comment se fait-il que le choix soit tombé sur deux niais de cette espèce ? Le comte de Sommes a l'esprit trop subtil pour que je puisse supposer un instant qu'il se soit trompé à ce point ! Non ! non !... Là encore, il doit y avoir un piège !...

En ce moment, le roulement d'une voiture se fit entendre dans la rue. Fouché redressa la tête : sa détermination était prise.

— Messieurs, dit-il aux deux bourgeois qui attendaient toujours sa réponse avec une anxiété de plus en plus manifeste, Messieurs, je comprends parfaitement l'intention très-honorable qui vous guide et je ne m'oppose en aucune façon, pour ma part, à l'exécution de votre dessein... Veuillez m'attendre ici quelques instants, je vais prévenir mes compagnons de route et je puis d'avance vous promettre leur adhésion pleine et entière.

En achevant ces mots, Fouché s'était dirigé vers la porte, et sans donner le temps à M. Gorain non plus qu'à M. Gervais de prononcer une parole de remerciement, il quitta la chambre et s'élança sur l'escalier. Il atteignait le rez-de-chaussée à l'instant où une voiture attelée de deux chevaux vigoureux s'arrêtait devant la porte.

De cette voiture sautèrent légèrement, sur le pavé de la rue, deux hommes jeunes et alertes, l'un portant un uniforme militaire, l'autre vêtu en bourgeois aisé.

Jean qui attendait sur le seuil de la maison alla au-devant des deux nouveaux arrivants, mais Fouché le précéda par un mouvement rapide.

— Monsieur Brune, dit-il vivement et à voix basse, longez les maisons à gauche, dans l'ombre, et interrogez les deux rues qui croisent celle-ci. Je crois que l'on nous espionne.

Brune s'élança dans la direction indiquée, et Fouché, faisant signe de la main, à Jean et à Nicolas, de demeurer là où ils étaient, se glissa dans la rue du côté opposé à celui que venait de prendre l'étudiant.

Quelques minutes après, ils revenaient tous deux :

— Eh bien? demanda Fouché.

— Rien! répondit Brune. Cette rue et les deux autres sont absolument désertes.

— Je n'ai rien vu non plus.

— Alors vous vous serez trompé.

Fouché ne répondit pas : il secoua doucement la tête.

— Que pouvez-vous craindre? demanda Brune.

— Tout! dit Fouché; nous avons affaire à des ennemis puissants qui ne reculeront devant aucun moyen pour nous empêcher de parvenir à notre but. Enfin! nous agirons suivant les circonstances. En attendant, je vous préviens que nous avons deux nouveaux compagnons de voyage.

Les trois jeunes gens firent un geste d'étonnement.

— Qui donc ? demanda Nicolas.

— Deux amis de Bernard : MM. Gorain et Gervais.

Et Fouché se mit à raconter rapidement le sujet de la visite qu'il venait de recevoir. Pendant ce temps, les deux bourgeois attendaient le retour de l'oratorien.

Lorsque Fouché avait quitté la chambre, MM. Gorain et Gervais étaient demeurés, tout d'abord, silencieux, se regardant sans mot dire ; mais ce que ce regard renfermait de pensées éloquentes, on n'aurait pas pu essayer de l'analyser. Bien certains d'être seuls, les deux bourgeois avaient poussé, à la fois, un même soupir empreint de cette satisfaction joyeuse que tout homme ressent après avoir accompli une tâche qui lui paraissait tout d'abord être au-dessus de ses forces, et u : sourire de triomphe illumina orgueilleusement leur physionomie ordinairement insignifiante.

— Ouf ! dit M. Gorain, nous en sommes venus à bout.

— Ouf ! fit également M. Gervais, nous avons été fièrement malins, mon compère !

— Ah ! dit Gorain avec un petit air modeste, on sait bien que nous ne sommes pas des imbéciles, monsieur Gervais. M. Danton, mon locataire, me disait encore, ces jours passés, que j'avais une tête fort bien organisée. Mais franchement, je ne vous croyais pas aussi fort, vous !

— Habitude des affaires ! répondit Gervais en souriant.

— Enfin nous avons réussi !

— Oui, compère, nous allons partir avec eux !

— Avec tout cela, où allons-nous ?

— Ah ! voilà le hic ! ce diable d'homme n'a rien dit !

— Hum ! monsieur Gervais ! Savez-vous qu'à bien prendre, j'aimerais mieux ne pas quitter Paris, moi !

— Parbleu ! et moi aussi ! Mon épouse va bien s'ennuyer sans moi ! Pauvre petite ! Je vous avoue, compère, continua M. Gervais en se rapprochant et en baissant la voix, que je ne comprends pas bien pourquoi il faut que nous voyagions, vous pour être nommé échevin, et moi pour avoir mon brevet de fournisseur du ministre.

— Affaire diplomatique, Gervais ! répondit Gorain d'un air entendu.

— Alors, nous allons décidément rendre un grand service au roi ?

— Et empêcher la guerre avec la Prusse.

— Quelle drôle de chose que la diplomatie !

— Oui, mais que voulez-vous ? Cet excellent M. Roger, notre protecteur, a une façon de présenter les choses tout-à-fait irrésistible : si on dit oui, il est charmant, il promet tout ; mais si on fait mine de dire non, quand il propose quelque chose, il parle tout de suite de la Bastille !

— Bon ! fit Gervais en frissonnant, ne prononcez pas ce mot-là ! Il me donne le vertige. Quand je songe que les portes sont toujours ouvertes sur nous, voyez-vous, je me sens froid dans le dos !

— Le fait est que M. Roger nous a dit, très clairement, que si nous commettions la moindre faute ou que si nous ne partions pas avec...

— Chut ! interrompit Gervais, on monte l'escalier. C'est M. Fouché qui revient !

Effectivement, Fouché rentrait en cet instant dans son logement. Il invita les deux bourgeois à le suivre, leur disant que ses compagnons seraient enchantés d'avoir le plaisir de faire route avec eux, puisque tous n'avaient qu'un seul et même but : retrouver la pauvre petite fille du malheureux teinturier.

Les deux bourgeois descendirent l'escalier. Fouché demeura seul, un moment, dans la chambre ;

— Ah ! fit-il, en lançant dans l'ombre un regard étincelant, M. de Sommes connaîtrait-il donc le véritable motif qui me pousse, pour qu'il agisse ainsi qu'il le fait ?... Eh bien ! si cela est, tant mieux ! J'aime les grandes luttes, et l'on verra qui, de l'oratorien ou de l'homme de cour, sait le mieux attacher les fils d'une intrigue de cette importance !

X

LE FEU DE PAILLE

La voiture, contenant les six voyageurs, s'élança vers le sud de la capitale. A l'angle de la rue Vaugirard et de la rue d'Assas, une grande clarté brilla subitement, clarté produite par un immense feu de paille que les enfants du voisinage, sans doute, avaient allumé au centre du petit carrefour.

La lumière étincelante éclairait splendidement les maisons, et, pénétrant au passage dans l'intérieur de la voiture, illumina furtivement le visage de ceux qu'elle contenait.

Parmi le cercle de badauds qui entouraient le feu de joie, regardant les gamins franchir les flammes avec des cris d'allégresse, se tenait un homme simplement vêtu. Lorsque la voiture passa, enlevée au grand trot des deux chevaux effrayés par cette clarté subite, cet homme se pencha en avant et interrogea, d'un coup d'œil rapide et sûr, l'intérieur de la berline.

En apercevant la physionomie ébaubie de MM. Gorain et Gervais, le personnage laissa échapper un geste de satisfaction. Mais, s'il avait vu les deux bourgeois, ceux-ci l'avaient remarqué également, et MM. Gorain et Gervais étouffèrent un cri de surprise.

— M. Roger! murmurèrent-ils.

Fouché, qui, enfoncé dans un angle de la berline, ne quittait pas de l'œil les deux bourgeois, remarqua leur mouvement, entendit, sans distinguer nettement, l'exclamation qui leur était à demi échappée, et, se penchant vivement par la portière, suivit la direction de leurs regards. Lui aussi vit l'homme éclairé alors en plein par la lumière rougeâtre, et une exclamation s'arrêta sur les lèvres du professeur.

En l'espace de quelques secondes sa physionomie venait de refléter les sentiments les plus opposés. Mais la voiture avait franchi le petit carrefour et roulait alors dans la rue Vaugirard ; Fouché se pencha encore et put à peine distinguer les formes du personnage, qui venait de si fort éveiller l'attention de ses compagnons de route et lui causer, à lui, une sensation profonde.

A peine la berline eut-elle disparu, que M. Roger, quittant le cercle au milieu duquel il se trouvait, descendit rapidement la rue d'Assas jusqu'à la rue du Cherche-Midi.

La grand'porte de la seconde maison, à droite dans cette rue, était poussée seulement sans être fermée. M. Roger l'ouvrit, entra dans la cour et détacha la bride d'un cheval tout sellé que retenait un anneau de fer planté dans la muraille. M. Roger s'élança sur la monture avec la dextérité d'un écuyer consommé ; puis il franchit le seuil de la porte et il partit au galop, se dirigeant vers le Pont-Neuf.

Après avoir traversé le pont, sans ralentir son allure, il continua sa course rapide vers le nouveau quartier d'Antin, et il atteignit le bas de la rue Blanche au moment où onze heures et demie venaient de sonner.

C'était à cet instant, que le marquis d'Herbois et le vicomte de Bonneville fouillaient vainement les jardins de l'hôtel de Niorres, cherchant anxieusement les deux jeunes nièces du conseiller, et que le marquis Camparini excitait la gaieté des convives du duc de Chartres, en racontant l'histoire de ses mariages.

M. Roger gravit, au pas de son cheval, la montée de la rue Blanche, et mit pied à terre en apercevant la masure en ruine qui dérobait la splendide Folie aux yeux des passants. Un magnifique équipage stationnait un peu plus loin. M. Roger siffla doucement. Aussitôt un homme se détacha de la muraille crevassée et s'avança vers lui.

M. Roger jeta aux mains de cet homme la bride de sa monture, et, se dépouillant rapidement d'une vaste houppelande qui l'enveloppait des pieds à la tête, il apparut revêtu d'une livrée éclatante. L'homme lui tendit un chapeau galonné et s'éloigna en emmenant le cheval. M. Roger, costumé ainsi en valet de pied de grande maison, vint se placer à la hauteur de la portière du carrosse sur le siège duquel trônait un cocher d'une énorme corpulence, et qui eut certes pu lutter, pour l'embonpoint, avec celui du prince de Soubise auquel il fallait appliquer les efforts d'une machine, ingénieusement combinée, pour le hisser à son poste.

Le cocher ne bougea pas, soit qu'il n'eût pas vu le valet, soit qu'il ne fût pas étonné de sa venue. M. Roger s'appuya contre le panneau du carrosse et attendit.

Cette attente fut courte : un bruit de voix se fit entendre, et un laquais portant une torche surgit, tout à coup, de la masure, éclairant un groupe de gentilshommes qui marchaient derrière lui.

La marquis Camparini, le comte de Sommes et le duc de Lauzun étaient là, escortés de quelques-uns des convives qui les accompagnaient jusqu'au carrosse du seigneur italien. Ces messieurs se rendaient alors à l'hôtel de Niorres, afin de mettre à exécution le pari engagé entre eux.

Le valet de pied ouvrit avec empressement la portière, il abaissa le marchepied, et il s'effaça respectueusement. Le duc de Lauzun et le comte de Sommes s'élancèrent sur les degrés mobiles garnis de velours bleu.

— Bonne chance! leur crièrent le baron de Cadore et le comte d'Ogny en retournant sur leurs pas, et en regagnant l'entrée de la Folie.

Le marquis allait monter à son tour dans le carrosse lorsqu'il sembla se raviser tout à coup.

— Mille pardons, Messieurs, dit-il en s'adressant au duc et au comte, mais, pour la réussite de mes projets, il faut que je donne quelques ordres essentiels à Roméo; vous permettez ?

Et, sans même attendre la réponse affirmative que lui adressaient les deux jeunes gens, il fit signe à M. Roger de le suivre à l'écart.

Celui-ci obéit avec empressement.

— Les deux bourgeois? dit vivement le marquis à voix entièrement basse.

— Sont en route avec Fouché, l'étudiant, le soldat et le garçon teinturier, répondit M. Roger.

— Ils ont bien compris tes recommandations?

— A merveille.

— Crois-tu qu'ils soient capables de les exécuter?

— Pour cela, j'en doute. Tout ce que je pourrai faire, ce sera de savoir par eux, jour par jour, presque heure par heure, ce que diront, feront et décideront Fouché et ses amis.

— C'est quelque chose...

— Mais ce n'est pas suffisant, interrompit M. Roger. Si tu m'avais écouté, ce n'eût pas été ces deux niais qui fussent partis avec l'oratorien.

— Et le moyen de faire accepter par Fouché d'autres compagnons de route que ces deux bourgeois?

— Quelle nécessité y avait-il à les faire voyager ensemble? On pouvait suivre; d'ailleurs, ne vais-je pas le faire, et crois-tu que Fouché ne se défiera pas des amis que tu lui imposes?

— Eh! j'y compte bien!

— Comment! tu veux que Fouché...

— Se croie espionné? Certes oui, je le veux! Et c'est précisément là le beau de mon plan! Tu ne comprends pas? Allons donc, Roquefort, qu'as-tu fait de ton intelligence habituelle? Ecoute! Fouché est un homme peu ordinaire, c'est un ennemi puissant, redoutable, car s'il n'a pas pour lui la force du rang, ni celle de l'argent, il a la puissance, bien autrement redoutable de l'adresse, de l'audace et de la ruse. Quand j'ai su à qui nous avions affaire, je me suis donné la peine d'étudier l'homme. Il sait trop quel intérêt puissant l'on a à l'empêcher d'exécuter ses desseins pour ne pas supposer que ses moindres actions seront espionnées attentivement. Le plus sûr moyen de tromper les gens, est de leur faire croire qu'ils lisent dans votre jeu ; retiens bien cela, Roquefort, cette maxime n'est pas trompeuse. Eh bien, en forçant les deux niais à se présenter à Fouché, ce qu'ils auront fait de la façon gauche et stupide qui leur est habituelle, ils auront immédiatement éveillé les soupçons de l'oratorien à leur endroit. Sans savoir qui poussait ces gens à se faire ses espions, Fouché aura deviné immédiatement le rôle que voulaient jouer, près de lui, le Gorain et son compagnon, et il se sera mis sur ses gardes.

— Mais alors ils ne sauront rien ! interrompit M. Roger.

— Oui, reprit le marquis, Fouché, se croyant sûr d'avoir deviné le piège tendu sous ses pas, fera un détour pour éviter la chute, et c'est ce détour-là qui le jettera dans nos filets.

— Je comprends ! Gorain et Gervais ne sont que des trompe-l'œil.

— Précisément. Ils serviront à cacher ceux qui doivent agir. La défiance de Fouché s'épuisera sur eux, et se trouvera en défaut pour porter son attention sur ce qui ne doit pas l'éveiller.

— Parfait ! dit le valet de pied avec admiration.

— Maintenant, ajouta le marquis, tu sais ce que tu as à faire ? L'incendie allumé, tu t'élanceras à la poursuite dos voyageurs, et n'oublie pas que Fouché ne doit pas arriver à temps à Saint-Nazaire.

— Pourquoi n'avoir pas fait ce que j'avais proposé! dit M. Roger en haussant les épaules. Lui donner un cocher à nous et aposter quelques hommes sur la route... Tout serait dit avant une heure.

— Malheureusement cela ne se peut pas. Si les compagnons de Fouché te gênent, fais-en ce que tu voudras ; qu'ils disparaissent complétement, eux, j'y consens : cela vaudra même mieux. Mais lui, Fouché, c'est autre chose : il faut qu'il vive, non pour lui, mais pour moi. Ah ! s'il pouvait savoir le besoin que j'ai de lui !... Heureusement il ne se doute de rien, et, en dépit de son astuce, il ne devinera rien.

— Allons donc, marquis ! cria le duc de Lauzun en avançant le haut de son corps par l'ouverture de la portière, vos instructions diplomatiques sont-elles achevées ?

— Me voici, duc, ne vous impatientez pas, répondit Camparini.

Puis se tournant vers M. Roger :

— N'oublie rien, ajouta-t-il, et sois à Arpajon en même temps qu'eux !

Le marquis regagna rapidement le carrosse et prit place en face des deux gentilshommes qui l'attendaient. Le valet de pied replia le marchepied, ferma la portière, et grimpa lestement derrière la voiture qui partit au grand trot.

Pendant ce temps la berline de voyage avait franchi les barrières de la capitale et s'élançait sur la route de Lonjumeau. Elle atteignait la chaussée de Bourg-la-

Reine au moment où le carrosse du marquis redescendait la rue Blanche.

Le berline était large, et les six voyageurs qu'elle emportait pouvaient y tenir à l'aise. Fouché, Brune et Jean occupaient la banquette du fond, Fouché était placé près de la portière de droite et Jean près celle de gauche. Nicolas était assis dans l'angle opposé, en face du garçon de maître Bernard, ayant près de lui MM. Gorain et Gervais, lesquels se trouvaient donc placés, par conséquent, le premier vis-à-vis de Fouché le second vis-à-vis de Brune.

Depuis que la berline avait quitté Paris, un profond silence régnait parmi les voyageurs. Nicolas, Jean et Brune, paraissant succomber à une fatigue invincible, dormaient paisiblement avec un calme attestant la quiétude dans laquelle était leur conscience.

Fouché, immobile, mais les yeux ouverts, laissait errer son regard sur la campagne à demi brûlée par le soleil de juillet et qu'éclairaient doucement alors les rayons argentés de la lune.

M. Gorain et M. Gervais ne dormaient ni l'un ni l'autre, mais ils se tenaient cois et silencieux sans oser faire un geste ni prononcer une parole. Peut-être les deux bourgeois se repentaient-ils déjà de s'être ainsi engagés dans une aventure dont il leur était impossible de deviner la portée. Peut-être pensaient-ils qu'à cette heure où ils roulaient, cahotés sur les pavés de la route royale, ils eussent dû être bien douillettement étendus dans leur couche moelleuse. Peut-être aussi songeaient-ils à cet épouvantable avenir hérissé de Bastilles béantes que M. Roger faisait luire à tout propas à leurs yeux terrifiés. Peut-être enfin étaient-ce les splendeurs des dignités promises qui doraient leur rêve et caressaient leurs pensées.

Toutes ces suppositions pouvaient être possibles, car chaque soupir qui s'exhalait presque régulièrement de la poitrine des deux amis, avait chaque fois un caractère bien différent et dénotait tantôt le chagrin ou le regret, tantôt la terreur ou la satisfaction.

La berline longeait les premières murailles du parc de Sceaux : Jean, Nicolas et Brune dormaient ou semblaient dormir plus profondément que jamais.

Fouché n'avait pas changé de position, non plus que les deux personnages placés en face de lui. Tout à coup il fit un mouvement brusque en avant, et passa sa tête par l'ouverture de la portière. D'un coup d'œil rapide il interrogea la route que venait de parcourir la berline, puis, rentrant presque aussitôt dans la voiture, il se rejeta dans son coin et se penchant, par un mouvement naturel, de façon à ce que ses lèvres se trouvassent à la hauteur de l'oreille de Brune :

— Nous sommes suivis ! murmura-t-il.

En recevant l'avertissement que venait de lui transmettre Fouché, Brune n'avait manifesté, par aucun signe extérieur, avoir compris, ni même entendu. Fouché parut, au reste, n'attacher aucune importance à ce qu'il venait de dire, et rompant le silence qui régnait dans la berline, il fit, vis-à-vis de MM. Gorain et Gervais, les frais d'une conversation qu'il s'efforçait évidemment de rendre agréable aux deux bourgeois.

Ceux-ci, que le mutisme qu'ils avaient cru devoir observer jusqu'alors gênait visiblement, répondirent avec empressement aux avances de leur interlocuteur et ne tardèrent pas à se laisser aller à leur loquacité habituelle.

— Voyons, cher monsieur Fouché, dit après quelques minutes d'un entretien insignifiant, M. Gorain qui commençait à se familiariser avec la situation et avec son compagnon de route, voyons, mon cher ami, puisque nous sommes du voyage, vous pouvez bien nous dire, il me semble, où nous allons ?

— Ah ! fit Fouché en souriant, est-ce qu'en vérité vous ne vous en doutez pas ?

— Non, ma parole d'honneur !

— Et vous, monsieur Gervais ?

— Pas le moins du monde.

— Eh bien ! Messieurs, je ne vois pas pourquoi je ne satisferais pas votre curiosité...

— Ni moi non plus, dit Gorain en souriant agréablement. Vous dites donc que nous allons ?...

— A Arpajon d'abord.

— A Arpajon ? répéta M. Gervais. Où prenez-vous cela, Arpajon ? Est-ce plus loin qu'Orléans ?

— Voit-on la mer, à Arpajon ? demanda en hésitant M. Gorain, lequel avait toute sa vie caressé la pensée d'aller se mettre face à face avec l'Océan, mais qui n'avait jamais osé, même au sein de sa famille, exposer ce désir d'un voyage aussi effrayant à accomplir que celui de Paris au Hâvre.

— Arpajon est avant Orléans et la mer est beaucoup plus loin, répondit Fouché en tirant de sa poche une mignonne tabatière qu'il présenta tout ouverte à ses interlocuteurs.

Ceux-ci répondirent, à cette offre polie, en plongeant successivement leurs doigts dans la tabatière, F... [illisible] ... [illisible] la tabatière sans prendre toutefois une pincée du tabac qu'elle contenait.

— Arpajon! répéta M. Gorain d'un air entendu : il me semblait cependant que la mer venait jusque-là?

— Vous avez donc envie de voir la mer?

— Une envie démesurée, cher Monsieur ; mais, hélas! je ne satisferai jamais ce désir.

— Bah! qui sait?

— Oh! c'est bien peu probable!

— Eh! eh! vous pourriez bien vous tromper. Il est possible que le voyage que nous entreprenons nous conduise jusqu'à l'Océan.

— Vous croyez? s'écria Gorain en bondissant sur sa banquette.

— Je dis que cela est possible.

— Ah! jour de Dieu! j'en serais enchanté, savez-vous?

— Moi aussi! ajouta Gervais.

Et les deux bourgeois, alléchés par cette perspective brillante, acceptèrent de nouveau le tabac que leur offrait encore Fouché, sans remarquer que celui-ci s'abstenait de les imiter.

— En attendant, nous allons à Arpajon, reprit M. Gervais. Est-ce bien loin?

— A une dizaine de lieues environ.

— Et c'est une grande ville?

— Pas précisément.

— Arpajon! Arpajon! répétait encore M. Gorain. Quel drôle de nom!... Cela ne veut rien dire, Arpajon !... Pourquoi appelle-t-on cette ville-là ainsi ?

— Parce que Arpajon est le nom du marquisat dans lequel était comprise la ville. Il y a seulement soixante-cinq ans, avant 1720, Arpajon ne s'appelait pas ainsi et se nommait Châtres, et il est vrai de dire que ce changement de dénomination ne se fit pas sans quelque difficulté, mais le marquis usa à l'égard des récalcitrants, qui s'obstinaient à dire Châtres, d'un procédé tout particulier et fort ingénieux.

— Lequel, cher monsieur Fouché ? dit vivement Gorain. Racontez-nous cela !... moi, je ne puis dormir en voiture.

— Volontiers, Messieurs. Prenez donc une prise.

— Avec plaisir.

Et la manœuvre de la tabatière recommença : M. Gervais se frottait les paupières comme un homme que le sommeil commence à gagner.

— En 1720, commença Fouché, la terre dans laquelle était comprise Châtres fut, comme je vous l'ai dit, érigée en marquisat d'Arpajon en faveur de Louis de Séverac...

M. Gorain se frotta les yeux à son tour.

— C'est drôle, dit-il, les paupières me piquent. Après ?

— Les habitants, continua Fouché, ne pouvant ou ne voulant s'habituer au changement de nom, que fit le marquis ? Chaque matin il se rendit sur les routes qui avoisinaient sa seigneurie, et, dès qu'il apercevait un paysan, il l'abordait en lui demandant : « Eh ! l'ami ! quel est le nom de ce lieu ? » Et il désignait la petite ville. « Châtres, mon bon gentilhomme, répondait le manant. — Ah! coquin! ah! maraud! s'écriait alors le marquis en rouant le malheureux de coups de canne. Apprends que ce n'est pas Châtres, mais bien Arpajon!

— Très joli! balbutia Gorain en s'efforçant de rouvrir ses petits yeux qui se fermaient. C'est singulier! moi qui ne dors jamais en voiture, je me sens tout je ne sais comment...

— Prenez encore une prise, dit Fouché, cela vous réveillera.

Gorain plongea ses doigts dans la tabatière. Gervais, qui était dans un état de somnolence visible, fit cependant un effort pour imiter son ami, mais il se laissa retomber lourdement en arrière.

— Vous comprenez, reprit Fouché, que le paysan maltraité fuyait, en gardant, avec le souvenir des coups de canne, celui du nouveau nom de la ville.

— Bien entendu, dit Gorain d'une voix à peine intelligible.

— Mais quelque villageois avisé répondait-il favorablement au désir du marquis, celui-ci le complimentait, faisait l'aimable, et lui donnait quelques pièces de monnaie pour boire à sa santé. Vous sentez la force de ce système, Messieurs?

Gorain ni Gervais ne répondirent. Tous deux dormaient du plus profond sommeil. Fouché prit dans sa poche un petit pistolet et en appuya successivement le canon sur la gorge de chacun des deux dormeurs. Les deux bourgeois ne firent pas un seul mouvement.

Fouché sourit, remit l'arme dans sa poche, tira sa tabatière et en sema le contenu sur la route, en avançant son bras par la portière. Puis, se retournant vers Brune, Jean et Nicolas :

— Vous pouvez vous réveiller, dit-il.

Les trois jeunes gens se redressèrent avec un empressement dénotant l'impatience que chacun d'eux avait dû éprouver en se livrant, depuis plus d'une heure, à un sommeil simulé.

— Maintenant nous pouvons causer, reprit Fouché. Ces deux hommes sont incapables, avant deux ou trois heures, d'entendre une seule de nos paroles. Je réponds de la puissance du narcotique que j'avais mélangé au tabac.

— Ainsi, dit Brune, vous pensez que ces deux hommes sont des espions attachés à nos pas ?

— J'en suis sûr !

— Alors, dit Nicolas, profitons de leur sommeil; faisons arrêter la voiture et déposons-les sur la route.

— Non pas ! fit vivement Fouché, agir ainsi serait faire voir à ceux, avec lesquels nous luttons, que nous avons deviné leur ruse. Ayons l'air d'être dupes au contraire !

— Comment ! dit Jean, maître Bernard a donc des ennemis très-puissants pour que la recherche à laquelle nous nous livrons se complique d'une façon aussi extraordinaire ?

— Il ne s'agit pas de Bernard, dit Fouché.

— Cependant, c'est après la jolie mignonne que nous courons.

— Sans doute, mais en rendant à Bernard l'enfant qui lui a été volé, nous n'accomplirons pas seulement une bonne action, nous entraverons, bel et bien, l'exécution d'un crime ourdi avec une adresse infernale.

— Bah! fit Nicolas avec étonnement. Qu'est-ce que vous nous dites donc là?

— Je dis, répondit Fouché, qu'il faut, Messieurs, que je vous révèle un secret que j'avais cru pouvoir et devoir jusqu'ici garder pour moi seul, mais que les circonstances me contraignent impérativement à vous communiquer, bien que ce secret ne soit pas le mien. Vous croyez et j'ai cru, comme vous, que notre entreprise se bornerait à retrouver une pauvre petite fille, que l'intérêt d'un ambitieux vulgaire avait arrachée à ses parents. Il y a une heure et demie à peine, quand nous avons quitté ma demeure, la visite fortuite de ces deux hommes, leur gauche insistance pour nous accompagner, m'avaient fait soupçonner une partie de la vérité, bien que je ne la comprisse pas encore complètement. Mais, en traversant la rue de Vaugirard, vous vous souvenez, sans doute, que nous passâmes près d'un feu de paille dans lequel des enfants s'amusaient à sauter?

— Oui, dirent les trois jeunes gens.

— Eh bien! poursuivit Fouché, parmi les spectateurs de cet amusement était un homme que vous n'avez pu remarquer, mais que j'ai vu, moi. Cet homme attendait évidemment le passage de notre voiture pour s'assurer que MM. Gorain et Gervais étaient bien avec nous. Sa physionomie était en pleine lumière, et certes s'il avait pu supposer que je connusse ce qu'un hasard m'a révélé autrefois, au lieu de se placer en face de ce foyer lumineux, il se fût certes tenu dans l'ombre la plus obscure.

— Quel est donc cet homme ? demanda Brune.
— Un ancien forçat évadé du bagne de Brest !
Les trois jeunes gens tressaillirent.
— Oui, reprit Fouché. Il se nomme Roquefort. C'est le principal agent d'un pouvoir formidable, dont cependant vous ignorez sans doute l'existence. Ce pouvoir est absolu, gigantesque, il s'étend d'un bout à l'autre du royaume en dépit des lois et des magistrats, de la police et des exempts, c'est une dictature indiscutable, c'est une royauté établie par l'écume de la société, car celui qui seul concentre entre ses mains ce pouvoir, cette dictature, cette royauté se nomme pour ses sujets : le Roi du bagne.

Les trois jeunes gens se regardèrent avec un étonnement croissant.

— Et l'homme du feu de paille est l'agent de ce roi du bagne ? demanda Brune.
— Oui, répondit Fouché.

Brune, Jean et Nicolas paraissaient stupéfaits de ce qu'ils entendaient.

— Vous allez tout comprendre, reprit celui-ci. Je n'ai endormi ces deux hommes que pour pouvoir vous donner une explication nécessaire. L'entreprise que nous voulons poursuivre est hérissée de dangers. Nous trouverons, sur notre route, des embûches et des périls constants. Nous partons quatre, jeunes, vigoureux, actifs, déterminés, et il est possible qu'un seul d'entre nous atteigne le but. C'est en raison de cette possibilité surtout que je veux vous apprendre tout ce que je sais, car celui qui demeurera seul, ne doit rien ignorer pour réussir. Prêtez-moi donc chacun l'attention la plus grande, car, ainsi que vous allez le voir, la recherche de la jolie mignonne n'est plus que l'un des côtés de l'aventure dans laquelle nous nous lançons. Vous allez connaître, Messieurs, les ennemis redoutables avec lesquels nous sommes aux prises, et, souvenez-vous que le secret, que je vais vous confier, n'est pas le mien et que les circonstances seules me contraignent à vous en faire part. Un jour, peut-être, il faudra tout oublier.

— Ne pouvons-nous agir sans recevoir votre confidence ? demanda Brune.

— Non, il faut que vous sachiez tout.

La berline atteignait en ce moment Lonjumeau et elle s'arrêta pour relayer. Le nouveau postillon, ses chevaux attelés, vint demander la route :

— Arpajon ! répondit Fouché.

La voiture s'ébranla et s'élança dans la direction de Boulainvilliers : Gorain et Gervais continuaient à dormir d'un sommeil que rien ne semblait pouvoir interrompre.

— Quel est cet homme que vous nommez le roi du bagne ! demanda Brune à Fouché et quel rôle peut-il jouer dans l'enlèvement de la fille de maître Bernard ?

— Un rôle très actif, répondit Fouché, et vous allez vous en convaincre ; mais avant, il faut que vous connaissiez les causes de cet enlèvement, dont j'ai aujourd'hui la certitude de n'ignorer aucun détail. Ces causes sont précisément les maillons qui servent à souder les événements que je vais vous rapporter. Songez, en m'écoutant, que depuis Bourg-la-Reine, notre voiture est suivie (je viens encore de m'assurer de cette poursuite au dernier relais), et que ceux qui marchent à cinq cents pas derrière nous, sont probablement les mêmes dont il va être question dans mon récit. Oh ! ils doivent connaître ce pays que nous traversons, car l'un d'eux y a passé sa première jeunesse. Tenez Messieurs, voyez-vous se détacher dans l'ombre de la nuit, là sur notre droite, à côté de ce petit bois, un joli château à tourelles aiguës ?

— Oui, dit Jean, je le vois. Et toi, Nicolas ?

— Moi aussi, répondit le soldat.

— Eh bien, il y a trente ans, ce château, si coquet aujourd'hui, menaçait de tomber en ruine. Il était inhabité ; la famille à laquelle il appartenait l'avait fui, après avoir assisté à une effrayante catastrophe !

Cette famille, continua Fouché, était celle des barons de Morandes. Elle se composait de la mère, demeurée veuve depuis plusieurs années, de deux fils, dont l'aîné portait le nom et le titre de la famille, et dont le second était connu sous ceux de chevalier de Bassat, et enfin d'une jeune fille de dix-huit ans, belle comme l'aurore, et fort désireuse de faire constater par le plus grand nombre d'adorateurs possible l'éclat de cette beauté. La coquetterie de Mlle Laure était bien connue à dix lieues à la ronde ; mais comme il y avait, dans la famille, absence complète de fortune, et qui plus était, absence absolue de position à la cour, Mlle Laure, en dépit de sa beauté et de ses coquetteries, ne pouvait entrevoir dans l'avenir que le voile des nonnes, à moins qu'elle ne se décidât à devenir la compagne d'un modeste hobereau de province ou celle de quelque financier de troisième rang. L'une ou l'autre de ces perspectives désolait également la jeune fille. Douée d'une imagination exaltée, elle s'ennuyait à périr dans ce petit domaine de famille, où les distractions ne venaient que bien rarement égayer sa solitude presque absolue.

A l'exception de rares visites reçues de mois en mois, et rendues plus rarement encore, les seuls plaisirs offerts à Laure, étaient d'aller, le dimanche, recevoir le tribut d'admiration que chacun payait à ses charmes, alors qu'elle se rendait à l'église voisine, et le soir de passer une heure chez un vieux gentilhomme habitant à peu de distance du château. Pour une jeune fille de l'âge et du caractère de Laure, cette existence était effectivement maussade, et il n'était pas étonnant qu'elle recherchât avec soin les plus légères distractions à son ennui quotidien.

Depuis quelques mois, Mme de Morandes avait remplacé son vieux jardinier, devenu infirme, par un jeune homme de seize à dix-sept ans, vigoureux, intelligent, et doué de l'une de ces mâles beautés qui impressionnent au premier abord. Il se nommait Noël. Laure aimait, ou plutôt croyait aimer les fleurs, et sous prétexte de satisfaire son goût, elle dépensait envers un petit carré de jardin qu'elle cultivait elle-même, le trop-plein de cette tendresse dont la nature a pourvu si abondamment le cœur de la femme. Des rapprochements constants avaient donc lieu entre Laure et le beau jardinier.

Celui-ci avait tout d'abord été frappé de la merveilleuse beauté de sa jeune maîtresse, et Laure avait elle-même remarqué la bonne grâce de son serviteur. Noël n'avait jamais senti battre son cœur, et il ne sut quel nom donner au sentiment étrange que lui inspirait

Mlle de Morandes. Celle-ci devina aisément ce qui se passait dans l'âme du jardinier, et son amour-propre fut flatté de ce nouveau triomphe remporté par ses charmes. Laure, je le répète, éprouvait l'impérieux besoin d'être adorée. Obéissant à sa nature, elle excita encore la passion qu'elle avait inspiré à Noël, par ces mille coquetteries dont elle savait si bien s'entourer.

Plusieurs mois se passèrent et Noël avait senti l'amour qui le dévorait faire de tels progrès dans son cœur qu'il ne vivait plus que par lui et pour lui. Laure exerçait sur le jeune homme un empire despotique et absolu, et Noël obéissait aux moindres ordres de sa maîtresse, heureux si sa complaisance et son empressement étaient payés d'un doux sourire ou d'une parole aimable.

Deux années environ après le jour où Noël avait pris, au château, la place du vieux jardinier, le fils aîné, le baron de Morandes, revint près de sa mère et de sa sœur, après un long séjour à Paris. Il amenait avec lui un homme dont il avait fait son intime ami. Cet homme, âgé d'une cinquantaine d'années, fort laid, mais fort riche, s'installa au château. C'était un époux que le baron avait enfin découvert pour sa jeune sœur.

Laure, en voyant arriver à elle la fortune et la possibilité de faire bientôt dans le monde une entrée que sa beauté lui faisait espérer devoir être éclatante, oublia la laideur et l'âge du fiancé qu'on lui proposait et l'amour et la tendresse du pauvre jardinier, dont elle allait briser le cœur. A partir de ce moment, Noël n'exista plus pour Mlle de Morandes. A peine le jardinier apercevait-il la jeune fille de loin en loin, et jamais elle ne lui parlait. Noël souffrait, en silence, toutes les horribles tortures qu'impose un premier amour malheureux.

Le jour du mariage fut arrêté. Le pauvre délaissé, qui avait voulu douter jusqu'alors, se berçant d'une folle et suprême espérance, vit son dernier espoir s'anéantir. Fou de douleur, de rage et d'amour, il alla trouver le baron de Morandes et le chevalier de Bassat.

En présence des deux frères de Laure, il retrouva toute son énergie, et il osa parler de la passion qu'il ressentait pour sa jeune maîtresse. Les deux gentilshommes écoutèrent Noël, puis, quand il eut achevé sa confidence, ils se contentèrent de hausser les épaules, et ils le renvoyèrent à ses plates-bandes et à son potager.

Noël voulut recommencer ses plaintes, le baron le menaça de sa canne. Ce geste, loin d'intimider le jardinier, fit briller dans ses yeux deux éclairs rapides, et, redressant sa tête avec un geste superbe :

— Monsieur le baron et monsieur le chevalier, s'écria-t-il, je suis venu à vous, je vous ai dit mes douleurs, mon amour, mon désespoir, je vous ai priés, suppliés, implorés, et vous me menacez ! Eh bien ! ce que vous refusez d'entendre, d'autres l'entendront à votre place. Je dirai que Mlle de Morandes me rendait amour pour amour, et pour prouver la véracité de mes paroles, je confesserai, s'il le faut, un crime dont je suis coupable, mais dont votre sœur est la complice !

— Un crime ! s'écria le baron en étreignant le bras de Noël. Que dis-tu, misérable ?

— Je dis, répondit le jardinier d'une voix ferme, qu'il y a un an bientôt, M¹¹ᵉ Laure de Morandes, votre sœur, touchée de cet amour qu'elle m'avait inspiré, et que, loin de repousser, elle partageait elle-même, consentit à devenir ma femme ! Un mariage secret eut lieu entre nous ; et c'est le vieux curé du village qui a béni notre union. Si vous doutez encore, Messieurs, j'ajouterai, qu'en fouillant la terre au pied du grand tilleul de la pelouse, on peut y découvrir le gage de cette union, le gage de cet amour !

A cette révélation foudroyante, le baron fit un geste menaçant, mais le chevalier le retint.

— Les preuves, dit-il d'une voix brève. Avant tout, il faut les preuves de ce qu'avance ce misérable !

Il était nuit depuis longtemps, et cette scène avait lieu dans un pavillon isolé du château servant de demeure ordinaire aux deux frères, alors qu'ils venaient visiter leur mère et leur sœur. Mᵐᵉ de Morandes, M¹¹ᵉ Laure, son fiancé et les quelques valets composant tout le domestique du château, reposaient depuis longtemps.

Le baron et le chevalier entraînèrent Noël dans le jardin, et, lui ordonnant de prendre ses outils, le conduisirent à la place qu'il avait indiquée lui-même.

Noël fouilla la terre au pied du tilleul, et, après quelques instants d'un travail qu'il accomplissait d'une main fiévreuse, il s'arrêta. Prenant une lanterne sourde, que le chevalier avait déposée sur le gazon, il s'agenouilla auprès du trou qu'il venait de creuser, se baissa en avant, et la lumière de la lanterne, en se projetant dans l'intérieur de la fosse, éclaira les restes encore reconnaissables d'un enfant nouveau-né. Un médaillon était attaché au cou du squelette, et le baron reconnut ce bijou pour l'avoir vu bien souvent porté par sa sœur.

Le baron et le chevalier lancèrent un regard sombre sur le funèbre spectacle qu'ils avaient sous les yeux.

— Et tu prétends que cet enfant... dit le chevalier.

— Est le mien et celui de Mlle Laure, répondit Noël sans hésiter.

Les deux jeunes gens se regardaient avec une stupéfaction douloureuse. Tous deux avaient le cœur loyal et bien placé, et la preuve du déshonneur les faisait frémir devant les preuves accablantes gisant en face d'eux.

Lorsque, quelques instants auparavant, Noël leur avait fait la confidence de son amour et de sa douleur, un même sentiment de pitié dédaigneuse avait dicté leur réponse. L'orgueil de caste ne leur avait pas permis de supposer, un seul moment, que leur sœur eût même connaissance de cet amour qu'elle avait inspiré, et ils avaient vu, dans la démarche du jardinier, l'un de ces accès de folie qu'inspirent quelquefois les grandes passions et les grands désespoirs. La révélation de Noël, en leur apprenant la honte de Mlle de Morandes, les avait encore trouvés presque incrédules ; mais maintenant la preuve de cette honte était là, devant eux, irrécusable.

Quel parti devaient-ils prendre? Il s'en présentait un terrible, mais sûr. Ils étaient tous deux seuls avec Noël, et la mort du jardinier pouvait laisser, à jamais dans l'ombre, le déshonneur de la famille. Mais, je me hâte de le dire, cette pensée d'un crime, devant détruire les preuves de la mésalliance, ne vint à l'esprit des deux jeunes gens que pour être repoussée avec indignation.

Voulant connaître dans tous ses détails l'histoire dont le dénoûment venait de leur être si fatalement révélé, ils interrogèrent Noël. Celui-ci, avec un calme qui ne se démentait pas et qui contrastait étrangement avec l'agitation qui l'animait quelques instants plus tôt, raconta les phases diverses qu'avait subies son amour. Il dit que cela avait été, pendant une absence de Mme de Morandes, qu'il avait épousé Laure, et que, durant les premiers mois, cette union avait été heureuse. Puis Laure était devenue mère... et pendant une nouvelle absence de Mme de Morandes, elle avait mis au monde un enfant mort. Une vieille femme de charge avait soigné sa jeune maîtresse.

En écoutant le récit du jardinier, les deux frères faisaient des rapprochements de dates qui servaient à les convaincre de la vérité de ce qu'ils entendaient. Trois mois plus tôt effectivement (et c'était l'époque que précisait Noël pour la naissance de l'enfant), ils se rappelaient que leur mère était venue les visiter à Paris, laissant sa fille aux soins d'une vieille gouvernante. A l'époque de ce voyage, Laure avait été malade. Mme de Morandes n'avait eu connaissance de cette maladie que trois semaines après, à son retour au château. Sa fille, à laquelle elle avait reproché de ne pas l'avoir fait prévenir, avait rejeté la faute de son silence sur la crainte qu'elle aurait eue d'inquiéter sa mère. Quelques semaines plus tard, la vieille femme de confiance était morte à la suite d'une chute, et Mme de Morandes n'avait jamais rien su. Au reste, d'après ce que disait Noël, lui seul et Laure savaient ce qui avait eu lieu, et aucun des domestiques du château n'avait rien pu soupçonner. Quand au vieux curé qui avait célébré ce mariage secret (si ce qu'affirmait le jardinier était vrai), il était mort depuis plus d'une année, et sa mort avait dû, par conséquent, suivre de quelques jours seulement l'union clandestine bénie par lui.

En achevant sa confession, Noël supplia les deux gentilshommes de rompre le mariage qui allait avoir lieu, déclarant que si ses prières étaient encore repoussées, il saurait bien empêcher cette union de s'accomplir, dût-il aller au pied des autels jeter la feuille du registre sur laquelle était inscrit le mariage secret entre celle qui était sa femme et celui qui voulait lui ravir son bien. Au reste, Noël ne prétendait pas exiger la publicité de cette union. Tout ce qu'il demandait, c'était que Laure demeurât libre en apparence et maîtresse d'elle-même, qu'elle restât au château, et qu'il pût continuer, lui, à la voir et à la servir. A cette condition il promettait un secret absolu sur tout ce qui concernait le mariage qu'il venait de révéler.

Le baron et le chevalier écoutaient à peine ces propositions insensées ; tous deux cherchaient ce qu'ils avaient à faire, et imploraient un conseil de la miséricorde divine. Enfin le baron parut avoir pris un parti décisif.

— Cette feuille du registre, dit-il à Noël, tu l'as donc en ta possession ?

— Oui, reprit le jardinier. Je l'ai arrachée du registre de la paroisse quelques jours après le mariage, la nuit même de la mort du curé ; car Mⁱˡᵉ Laure paraissait tellement redouter les suites que pourrait avoir la découverte de notre union, qu'emporté par mon amour pour elle, je n'ai pas hésité à m'introduire dans le presbytère, et à arracher du registre la feuille sur laquelle était inscrit le mariage.

— Mais cette feuille, dit vivement le chevalier, Laure a dû te la demander pour l'anéantir.

— Je lui ai dit que je l'avais brûlée.

— Tu as menti alors ?

— Oui ! Dans le premier moment, je vous le jure, je voulais la détruire : mais la réflexion m'a arrêté. Pourquoi anéantir ces preuves d'une union ? Un enfant ne pouvait-il pas naître, et avais-je le droit de le faire bâtard, moi, son père ? Non ! J'ai dit à Mⁱˡᵉ Laure que j'avais brûlé la feuille, mais je l'ai gardée précieusement. Moi seul la possédais ; qu'avait-elle à craindre ?

— Mais cette feuille... cette feuille ! s'écria le baron, cette preuve... où est-elle ?

— Dans une cachette que moi seul connais.

— Tu vas nous donner cette feuille !

— Oui, si vous vous engagez, par serment, à rompre le mariage de Mⁱˡᵉ Laure.

— Cette feuille ! dit le baron en portant la main à son épée, où est-elle ?

— Je ne le dirai pas ! répondit Noël d'une voix ferme ; et si vous me tuez... un autre héritera de mon secret et me vengera !

Le baron fit un geste menaçant. Le chevalier l'arrêta

— Attends ! dit-il.

Et il s'élança hors du jardin. Vingt minutes après il revint près de son frère. Ces vingt minutes, le baron et Noël les avaient passées au milieu d'un silence profond, l'un dans une angoisse effrayante, l'autre impassible comme un homme qui n'a rien à redouter.

— Cet homme a dit vrai, dit le chevalier d'une voix rauque. Je viens du presbytère. A la date qu'il indique, une feuille a été enlevée du registre de la paroisse.

Le baron poussa un cri de rage.

— Eh bien ! dit-il, il nous faut maintenant l'aveu entier des deux coupables ! Veille sur cet homme ! je vais interroger Laure.

Et il s'élança vers l'appartement de la jeune fille.

Réveillée brusquement sur l'ordre de son frère, Laure, en voyant le baron entrer chez elle, pâle, les traits bouleversés, les yeux animés, les mains frémissantes, en proie à une émotion extrême, Laure crut à quelque malheur subitement arrivé. Elle allait interroger, mais le baron ne lui en laissa pas le temps, Se dressant devant son lit, lui saisissant les mains et la regardant fixement :

— Laure ! dit-il, le chevalier et moi venons de faire une étrange découverte. Au pied du grand tilleul de la pelouse, nous avons trouvé le cadavre d'un enfant nouveau-né !

— Ah ! grand Dieu ! s'écria la jeune fille ; un enfant mort !

— Oui, continua le baron, en regardant plus attentivement et plus profondément encore sa sœur ; et cette mort doit remonter à plusieurs mois, à l'époque où notre mère était à Paris, où tu étais seule ici avec Gertrude, ta vieille gouvernante. Comprends-tu, Laure?

Laure ouvrit des yeux énormes et regarda son frère avec un étonnement tellement sincère, que celui-ci sentit le doute rentrer dans son cœur en même temps qu'une lueur d'espérance brillait dans son esprit.

— Ne comprends-tu donc pas, Laure? répéta-t-il avec un accent moins dur.

— Comment voulez-vous que je comprenne? répondit la jeune fille avec une expression qui dénotait, si elle était coupable, la perversité la plus profonde et la plus criminelle.

— Quoi! s'écria le baron, tu ignorais qu'un enfant nouveau-né eût été enterré dans notre jardin, au pied du grand tilleul?

— Je l'ignorais, mon frère.

— Laure! te rappelles-tu au moins avoir été malade, durant l'absence de notre mère?

— Sans doute, mon frère, répondit Laure du ton le plus calme, ne vous ai-je pas écrit lors de ma convalescence?

— Quel est le médecin que tu as appelé?

— Aucun. Gertrude a suffi pour me guérir.

— Et cette maladie, quelle était-elle?

— Une affection nerveuse, vous le savez bien.

— Tu mens, malheureuse! s'écria le baron avec violence.

— Moi! dit Laure, en se dressant brusquement.

— Tu as déshonoré le nom que je porte, continua le baron, et tu ne trembles même pas lorsque je t'apprends que j'ai découvert les preuves de ton infamie!

Laure se renversa en arrière : elle poussa une plainte sourde et s'évanouit. Mais obéissant presque aussitôt à à une réaction subite, elle rouvrit les yeux, avant que le baron eût eu le temps de faire un pas vers elle. Puis, prenant un peignoir, elle s'en enveloppa à la hâte, s'élança hors du lit, passa ses pieds nus dans des mules et, saisissant le bras de son frère :

— Vous avez parlé de déshonneur, dit-elle d'une voix tremblante ; vous avez dit avoir des preuves de mon infamie ! Quelle est cette infamie dont vous m'accusez ? je veux le savoir ! Quelles sont ces preuves que vous prétendez avoir découvertes ? je veux les voir !

Le baron, surpris de l'action rapide de la jeune fille et impressionné par les paroles véhémentes qu'elle venait de prononcer, recula d'un pas.

— Je veux savoir ! je veux savoir, répéta Laure.

— Viens donc ! répondit le baron en entraînant sa sœur.

Tous deux descendirent au jardin et se dirigèrent vers le tilleul. Le chevalier et Noël étaient toujours à la même place où les avait laissés le baron : l'un debout, la physionomie décomposée, les sourcils contractés et l'expression menaçante : l'autre agenouillé à demi sur le bord de la fosse encore ouverte et paraissant en proie aux réflexions les plus sombres. Le baron poussa Laure en avant et désignant successivement la fosse creusée au pied de l'arbre et le jardinier immobile :

— Voici les preuves de ton crime, dit-il, et voilà ton complice !

Laure se pencha instinctivement au-dessus de la

fosse, plongea ses regards dans l'intérieur, demeura un moment comme frappée de stupeur, puis poussant un cri déchirant, elle chancela, trébucha et roula inanimée sur le gazon.

Le baron sentit s'anéantir cette espérance qui avait fugitivement ranimé son cœur. Le chevalier, avec un geste violent, avait tiré son épée hors du fourreau. Noël, se redressant rapidement :

— Frappez ! dit-il, mais épargnez-la !

Le chevalier brisa la lame.

— Viens ! s'écria-t-il en s'adressant à son frère, viens, partons ! emmenons notre mère et quittons cette demeure à jamais souillée. »

Fouché, en achevant ces mots, s'arrêta pour prendre un instant de repos et son regard interrogea ses auditeurs.

Tous trois étaient profondément attentifs. Un léger silence régna dans l'intérieur de la voiture, silence que troublaient le bruit des roues écrasant les cailloux de la route, le pas des chevaux et les ronflements réguliers et sonores qui s'échappaient de la gorge de M. Gorain et de celle de M. Gervais. Les deux bourgeois n'avaient pas changé de position.

— Mais, demanda Brune avec une certaine anxiété, cette jeune fille était-elle donc réellement coupable ?

— Voilà ce que l'on n'a jamais su, répondit Fouché.

— Comment ? dit Nicolas avec étonnement, elle serait donc peut-être innocente alors ?

— Et ce Noël ? demanda Jean. Qu'est-il devenu ?

— Celui de nos ennemis dont nous avons probablement le plus à redouter.

— Quoi ! Noël est un de ceux qui ont participé à l'enlèvement de la fille de maître Bernard et qui ont si fort intérêt à nous empêcher de retrouver la jolie mignonne ?

— Permettez, interrompit Fouché, laissez-moi poursuivre mon récit qui vous expliquera tout ce qui vous paraît maintenant difficile à comprendre. Avant une demi-heure, nous serons à Arpajon et l'effet du narcotique, qui nous *débarrasse* provisoirement de ces messieurs, ne tardera pas à cesser, mais j'aurai d'ici là le temps d'achever. Le baron, continua-t-il, hésitait à abandonner sa sœur que, dans l'indignation qu'il ressentait, le chevalier ne voulait plus connaître. Tous deux firent un pas pour s'éloigner et Noël se précipitait vers la jeune fille afin de lui prodiguer ses secours, lorsque celle-ci revint brusquement à elle.

Repoussant violemment le jardinier, elle s'élança vers ses deux frères, et, leur prenant les mains, elle les contraignit à revenir au pied du tilleul.

— Cet enfant ? dit-elle. Quel est cet enfant ?

— Oses-tu le demander ? répondit le baron.

— Cet enfant est le tien, malheureuse ! dit le chevalier.

— Le mien ? fit Laure en s'avançant vers la fosse. Cet enfant est le mien ? répéta-t-elle en passant ses mains sur son front, moins pour écarter les longues mèches de ses cheveux dénoués qui retombaient sur son visage, que par un geste semblable à celui si familier aux gens dont la raison s'égare. Un enfant, à moi ? J'ai donc un enfant ?

Cette comédie, si c'en était une, était si habilement

jouée que le baron et le chevalier échangèrent un regard dont une lueur de doute ternissait l'éclat menaçant.

— Mon Dieu ! dit Noël, elle devient folle.

Et se précipitant aux genoux de Laure :

— Mademoiselle ! s'écria-t-il avec les gestes les plus pathétiques, pardonnez-moi ! Je suis un misérable, mais mon plus grand crime est d'avoir osé vous aimer ! vous qu'une si grande distance séparait de moi ! Ayez pitié, ne m'accablez pas ! Si vous saviez tout ce que j'ai souffert avant d'en arriver à confesser la vérité ! Si vous saviez...

— Assez ! interrompit le chevalier avec un geste de dégoût.

Mais Laure s'était rapprochée de Noël.

— Que dites-vous là ? fit-elle d'une voix frémissante. Que signifient vos paroles ?

— Cet homme vous rappelle la passion honteuse que vous avez partagée ! s'écria le baron.

— Moi ! dit Laure. Moi ! aimer cet homme ? C'est donc lui qui m'accuse ?

— Eh ! s'écria le chevalier avec colère, cessez cette comédie indigne ! Voici votre époux et voilà, là, le cadavre de votre enfant !

Laure jeta les mains en avant, regarda lentement Noël d'abord, puis le baron et le chevalier.

— Oh ! vous m'insultez ! dit-elle.

Les deux gentilshommes tressaillirent. Les simples paroles prononcées par Laure avaient été dites avec un accent tellement puissant, tellement empreint d'un triple sentiment de hauteur, de colère et d'humiliation, elles avaient été accompagnées d'un geste si superbe, d'un regard si foudroyant, que le baron et le marquis se précipitèrent à la fois vers la jeune fille :

— La vérité! s'écrièrent-ils ensemble. La vérité! Laure ! par grâce! ne nous cache rien!

— Oui ! ajouta Noël d'une voix suppliante. Avouez tout, Mademoiselle, comme j'ai tout avoué moi-même...

— Toi, misérable! s'écria Laure en repoussant ses frères pour dominer Noël agenouillé devant elle, est-ce donc toi qui oserais...

Un formidable juron énergiquement accentué interrompit Fouché : un choc violent ébranla la berline dont la caisse vacilla sur ses ressorts, un craquement se fit entendre et la voiture s'abattit lourdement sur le côté... Un essieu venait de se rompre. Tout cela s'était accompli, avec une rapidité telle, qu'aucun des voyageurs ne put se douter de l'accident avant qu'il fût arrivé, et que tous roulèrent les uns sur les autres en poussant un même cri de surprise et d'émotion.

Les premières maisons d'Arpajon se dessinaient nettement en avant sur la route, éclairées par les derniers rayons de lune.

Les deux chevaux s'étaient abattus, renversés par le choc, et le postillon, devinant sans doute ce qui allait arriver, avait eu le temps de s'élancer de son siège, mais avant de s'occuper des voyageurs enfouis dans la caisse renversée, il venait naturellement en aide à ses chevaux qui se débattaient et ruaient de leur mieux au milieu de leurs traits brisés.

En cet instant, un cavalier se dirigeant également

vers Arpajon, passa au galop devant la voiture versée.

— Je vais vous envoyer du secours! cria-t-il aux voyageurs encore étourdis de leur chute.

Le postillon s'était retourné et avait tendu la main : le cavalier, sans ralentir son allure, laissa tomber une bourse.

———

XI

LA MAISON DE POSTE

Trois heures du matin sonnaient au moment où était arrivé l'accident, qui avait si brusquement interrompu le récit de Fouché. Déjà les premières vapeurs du crépuscule se dessinaient à l'orient en bandes nuageuses et le ciel révélait cette teinte d'opale irisée qui accompagne, dans les beaux jours d'été, le lever de l'aurore. Sur la terre la nuit était cependant encore presque complète, et la lueur fugitive de la lune luttait avantageusement avec les premiers feux du jour.

La campagne était absolument déserte et personne ne pouvait venir en aide aux voyageurs dans l'embarras.

Après avoir dégagé ses chevaux de ceux dont les traits les gênaient encore et aidé les bêtes à se remettre sur leurs jambes, le postillon se rapprocha de la caisse renversée et il se mit en devoir de secourir ses voyageurs. Escaladant la voiture, il monta sur le panneau formant alors le dôme, et se penchant vers la portière.

— Y a-t-il quelqu'un de blessé? demanda-t-il.

Un murmure confus et inintelligible lui répondit seul. Le postillon baissa la tête davantage et essaya de distinguer ce qui se passait dans la berline.

Il lui paraissait extraordinaire qu'aucun de ses voyageurs n'eût encore donné signe de vie, car en mettant les choses au pis, tous ne pouvaient certes avoir été tués ou étourdis, et il ne s'expliquait pas comment les cris qui, en pareille circonstance, dominent toujours l'événement, faisaient absolument défaut. Le murmure qui arrivait jusqu'à lui, paraissait être étouffé sous un obstacle matériel et cependant la glace de la portière avait été brisée complètement dans la chute de la caisse.

Le postillon s'agenouilla sur le panneau et enfonça son bras par la portière. La main qui, tout d'abord, ne rencontra que le vide, heurta tout à coup un obstacle solide : on eût dit qu'une cloison, surgissant brusquement, s'était établie entre les voyageurs et le panneau de la caisse demeurée en l'air.

— Qu'est-ce que c'est que cela? s'écria le postillon en sautant précipitamment à terre.

Et il courut vers les lanternes de la berline. L'une s'était éteinte, mais l'autre heureusement brûlait encore. Le postillon la ranima et, remontant sur le panneau, il en projeta les rayons dans l'intérieur.

— Ah! jarnidieu! fit-il, les malheureux doivent étouffer là dedans!

Effectivement l'accident, causé par la rupture de

l'essieu, s'était compliqué d'une façon qui menaçait de devenir désastreuse pour Fouché et ses amis.

La berline, vieille voiture sortie jadis des remises de quelque grand seigneur, avait dû appartenir à un propriétaire soigneusement attentif à la conservation de sa personne.

Les routes étant fort peu sûres alors et les périls d'un voyage étant considérablement augmentés par la chance des attaques de bandits embusqués à chaque carrefour, la berline avait été mise à l'épreuve de la balle, par une excellente doublure de fer dont les feuilles étaient elle-mêmes revêtues de crin et garnies d'un drap de nuance grisâtre soigneusement capitonné. Par suite de la violence du choc, sans doute, toute cette lourde garniture ferrée et ouatée, s'était détachée à la fois du panneau de bois et était tombée sur les voyageurs entassés pêle-mêle, les ensevelissant ainsi sous sa masse étouffante, comme un traquenard s'abattant sur le gibier. Le postillon avait raison : les malheureux devaient être fort mal à l'aise dans leur critique situation.

Se remettant à plat ventre sur la caisse et s'escrimant énergiquement des deux bras à la fois, il entreprit aussitôt de dégager les voyageurs. Ceux-ci, de leur côté, tentaient, autant que le leur permettait leur position difficile, de repousser la doublure interposée violemment entre eux et l'air extérieur.

Enfin Jean fut le premier qui parvint à passer la tête et à se dégager de sa prison. Jurant, criant mais travaillant énergiquement, Jean réussit à attirer Nicolas au dehors, et tous deux, se réunissant au postillon, détruisirent par fragments l'obstacle solide qui s'opposait à la délivrance de leurs compagnons.

Brune fut à son tour hissé par la portière. Fouché examinait attentivement l'intérieur de la berline et cherchait évidemment, à l'accident survenu, une autre cause que celle qui paraissait être naturelle.

Quand à MM. Gorain et Gervais, du côté desquels la voiture avait versé, et qui, par conséquent, s'étaient trouvés engagés non-seulement sous le poids de la doublure de fer, mais encore sous celui de tous leurs compagnons dont leur corps avait amorti la chute, ils ne faisaient pas un mouvement.

— Seraient-il tués? dit Brune en essayant de plonger la main jusqu'à eux.

Un double grognement plaintif lui répondit. Fouché sauta sur la caisse et de là à terre. Il se baissa et continua son examen commencé sur l'essieu brisé.

— Monsieur Brune! dit-il en faisant signe à l'étudiant de venir près de lui.

Celui-ci obéit avec empressement. Fouché lui montra l'essieu.

— Regardez! continua-t-il à voix basse, cet essieu a été scié par la moitié et sa rupture avait été préméditée : c'est visible. Quant à la doublure de fer qui a failli nous étouffer tous, les têtes de vis, qui la retenaient primitivement dans le bois, avaient été toutes enlevées. Comprenez-vous?

— Ce double accident est donc l'œuvre de nos ennemis? dit Brune en regardant l'oratorien.

— Il n'y a pas à en douter. Maintenant je suis certain que nous ne trouverons aucun charron à Arpajon et que le relais sera dégarni de chevaux. Je vous disais bien que nous jouions là une rude partie ! mais ayez confiance en moi et laissez-moi faire !

Nicolas était descendu près de Fouché et de Brune, tandis que Jean continuait à s'occuper du sauvetage des deux bourgeois et que le postillon se préparait à emmener ses chevaux.

— Nicolas, dit Fouché au jeune soldat, il faut que vous couriez à la ville. Allez d'abord à la poste et assurez-vous des chevaux frais. Que vous en trouviez ou non, cherchez ensuite un charron, et si aucun ne peut venir par une cause que j'ignore, mettez en réquisition la première guimbarde qui vous tombera sous la main. Nous payerons la location, mais agissez promptement !

Nicolas allait s'élancer...

— Inutile ! cria le postillon qui avait entendu. Je vais emmener mes chevaux à l'écurie et je vous enverrai ce qu'il vous faut.

— Toi et tes chevaux vous allez demeurer ici sans bouger ! dit Fouché d'un ton impératif.

— Mais... commença le postillon.

— Nous vous gardons.

— Pourquoi faire ?

— Pour nous conduire à l'autre relais si celui-ci est vide, comme je le crois.

— A l'autre relais ! s'écria le postillon. Mes bêtes ont fait quatre lieues, savez-vous !

— Eh bien, elles en feront huit !

— C'est vouloir les crever !

— Elle crèveront s'il le faut, mais si le relais d'Arpajon est vide, elles nous conduiront très certainement jusqu'à Etampes !

— Jusqu'à Etampes ! crever mes bêtes ! hurla le postillon.

Fouché saisit l'homme d'un bras vigoureux et l'entraînant devant la roue détachée :

— Cet essieu a été scié ! dit-il d'une voix ferme qui n'admettait aucune réplique. Il y a dans l'accident survenu autre chose que le hasard seul. Je te préviens que si tu fais mine de nous quitter avant que d'autres chevaux ne soient attelés à cette voiture réparée ou à une autre dans laquelle nous puissions continuer notre route, je te rends responsable de l'événement arrivé et j'agis en conséquence.

Le cocher grommela une réponse vague que Fouché n'entendit pas ; mais il est évident que l'attitude résolue du voyageur, et que ses paroles accentuées d'un ton énergique, intimidaient celui auquel il s'adressait.

— Jean, continua Fouché, veillez aux chevaux, je vous prie. M. Brune et moi allons venir au secours de nos compagnons.

Le garçon teinturier, qui avait entendu la conversation échangée entre Fouché et le postillon, s'empressa de sauter à la bride des chevaux qu'il attacha solidement à un arbre voisin.

Le lever de l'aurore faisait de rapides progrès, et les dernières ombres de la nuit disparaissaient pour faire place aux premiers feux du jour. La campagne prenait une teinte grisâtre, et un brouillard léger courait à la surface de la terre, voilant le feuillage des arbres et se condensant au-dessus des prairies. Dans la caisse renversée, MM. Gorain et Gervais continuaient à pousser de sourdes lamentations.

Tandis que Jean veillait sur les chevaux et que le postillon maugréait contre Fouché, celui-ci et Brune escaladaient la caisse.

— Si nous les laissions là, dit l'étudiant en s'arrêtant dans son ascension.

— Non pas! reprit vivement Fouché dont l'active intelligence semblait se développer encore en raison des obstacles ; emmenons-les au contraire. Ils nous serviront ; vous verrez! Retirons-les de là le plus vite possible, et, assurons-nous qu'aucun d'eux n'est blessé ! C'est là le point important.

— Pour moi, je n'y verrais pas grand inconvénient, fit Brune en haussant les épaules.

— Il y en aurait un énorme à ce qu'ils ne pussent nous accompagner maintenant. Vous verrez, vous dis-je!

Quand la rupture de l'essieu avait eu lieu, les deux bourgeois dormaient du plus profond sommeil. La violence du choc les avait subitement réveillés ; mais leur cerveau, troublé encore par l'influence du narcotique que leur avait fait respirer Fouché, ne leur avait pas permis de comprendre tout d'abord ce qui venait d'arriver. Les yeux à demi clos, étouffés et aplatis sous le poids des quatre autres voyageurs sur lesquels pesait encore la garniture ferrée, ils suffoquaient, et M. Gorain surtout, grâce à sa constitution apoplectique, râlait, comme s'il eût été prêt à rendre le dernier soupir.

Les efforts de Fouché, de Jean, de Brune et de Nicolas,

pour se débarrasser de l'obstacle qui les empêchait de sortir par la portière, avait augmenté ce que la situation, des deux malheureuses victimes, avait de difficile et de gênant.

Piétinés, car leur corps servait de point d'appui à leurs compagnons; meurtris, écrasés et incapables de tenter un mouvement; plongés dans une obscurité profonde, ils n'avaient su ni où ils étaient, ni ce qui leur advenait.

Gorain, placé dans l'angle, était tombé sur le dos, les jambes en l'air et la tête en bas. Gervais avait d'abord roulé sur lui et sur Fouché, assis vis-à-vis de Gorain; mais ce dernier, se débarrassant vivement du bourgeois, l'avait fait rapidement passer sous ses pieds. Gervais était donc tombé sur Gorain, à plat ventre, la figure plaquée sur sa poitrine et l'une de ses mains sur son visage.

A demi évanouis, les deux bourgeois n'avaient donné aucun signe d'existence, jusqu'au moment où le postillon, ayant aidé à l'enlèvement de la doublure de fer, les autres voyageurs s'étaient hissés par la portière ouverte et dégagée. Encore cette sortie violente n'avait-elle pas eu lieu sans redoubler le critique de la position précaire des deux infortunés. Débarrassés enfin du poids qui les meurtrissait et empêchait l'air libre d'arriver jusqu'à eux, Gorain et Gervais avaient poussé, à la fois, un soupir ressemblant fort à un gémissement.

— Ouf! avait dit Gervais en demeurant toujours couché sur son ami, quel cauchemar!

— Ma bonne amie... avait balbutié Gorain croyant sans doute être étendu dans son propre lit auprès de sa digne épouse, ma bonne amie... je me sens bien mal...

— Hein? fit Gervais en se frottant les yeux.

— Quoi ! s'écria Gorain avec stupeur ; car il commençait à revenir à lui, et l'effroi le prenait à la gorge. Qu'est-ce qu'il y a?

— Ah ! c'est vous, compère ?

— C'est vous, Gervais ?... mais vous m'écrasez !...

— Moi !... mais c'est vous qui... Ah ! mon pauvre ami, où sommes-nous ?

C'était alors que Brune avait manifesté la crainte que les deux amis ne fussent morts. En attendant ces mots terribles : « seraient-ils tués ? » Gorain et Gervais s'étaient sentis frémir, et chacun s'était demandé instinctivement s'il vivait effectivement encore.

— Mon Dieu ? Seigneur ! ma bonne sainte Vierge ! avait balbutié Gorain, qu'est-ce qui nous est donc arrivé ?

— Je ne sais pas, répartit Gervais, mais nous devons être dans une situation affreuse : je me sens brisé comme si je venais de dégringoler du haut d'une montagne.

— J'ai le corps moulu, compère.

— Eh morbleu ! nous venons de verser ! dit une voix sonore venant d'en haut.

Gorain leva les yeux.

— Monsieur Fouché ! dit-il d'une voix lamentable.

— Eh oui ! moi-même ! Ne vous désolez pas, c'est un petit accident de voyage. Nous en verrons bien d'autres !

— Tirez-nous de là, mon cher ami, s'écria Gervais ; nous ne pouvons pas bouger...

— Ils sont peut-être blessés, murmura Brune. Je vais descendre ; je les pousserai et vous les hisserez.

Le jeune homme descendit effectivement dans l'intérieur du carrosse, et prenant à tour de rôle les deux bourgeois, il aida Fouché à les sortir de la voiture. En se voyant debout, sans blessures, sur la terre ferme, en apercevant surtout le soleil qui se levait en face d'eux, MM. Gorain et Gervais avaient commencé à comprendre qu'ils étaient bien réellement encore de ce monde, et cette pensée consolante leur avait arraché un soupir de soulagement.

— Là ! dit Brune, maintenant nous sommes prêts à nous remettre en route.

— Mais Nicolas ne revient pas ! dit Fouché en frappant le sol avec impatience.

Plus d'une heure en effet s'était écoulée depuis le départ du jeune soldat.

— Si j'allais à sa recherche ? dit Brune.

— Non ! demeurez ! répondit vivement Fouché. Attendons encore.

Une demi-heure, puis une autre heure se passèrent, et Nicolas n'était pas revenu. Fouché serrait les poings à s'enfoncer les ongles dans les chairs.

— Corbleu ! fit-il enfin, il faut aviser.

— Ah ! voilà Nicolas ! s'écria Jean qui regardait la route avec une attention soutenue.

Effectivement, on apercevait à la hauteur des premières maisons d'Arpajon, un homme courant à toutes jambes et se dirigeant vers la voiture versée. C'était le jeune soldat qui arrivait haletant et le front trempé de sueur.

— Eh bien ! demanda Fouché en allant au-devant de lui.

Nicolas poussa un juron énergique en s'arrêtant.

— Je crois, dit-il, que tous ceux que j'ai rencontrés se sont entendus pour me mystifier. On m'a fait faire trois fois le tour de la ville pour parvenir à trouver la poste.

— Y a-t-il des chevaux ?
— Trois !
— Bravo ! Et un charron ?
— Pas un, les deux seuls que possède Arpajon venaient de partir pour un château voisin, mais j'ai trouvé sous la remise du maître de poste une vieille guimbarde qui fera notre affaire.

— Très-bien ! Et vous avez ordonné qu'on l'attelât ?
— Oui.
— Alors, venez, Messieurs ; courons jusqu'à la poste. Jean ! vous pouvez laisser partir le postillon avec ses chevaux.

Le postillon courut à ses bêtes, en enfourcha une et s'éloigna au grand trot. Fouché fit un geste de regret :

— Je viens de faire une école ! murmura-t-il à l'oreille de Brune. Qui sait maintenant si nous retrouverons à la poste les chevaux que Nicolas y a laissés. J'aurais dû garder ceux-là !

— Pressons le pas ! répondit Brune.

— Allons, monsieur Gorain ! Allons, monsieur Gervais ! cria Fouché, dépêchez-vous ou nous vous laissons en route !

Les deux bourgeois tirant la jambe et grognant à qui

mieux mieux, s'efforcèrent à suivre leurs compagnons dans leur marche rapide ; mais à chaque faux pas qu'ils faisaient, à chaque pierre que leurs pieds heurtaient, à chaque mouvement, un peu brusque, réveillant une douleur que les meurtrissures, qu'ils avaient reçues, rendaient vive, ils poussaient des soupirs, des cris, des exclamations, des lamentations à croire qu'ils allaient trépasser sur la route. Les plaintes amères surtout ne discontinuaient pas.

— Ah ! disait Gorain, je n'aurai pas volé l'échevinage ! Aïe ! j'ai la jambe gauche brisée !

— Monsieur Gorain, répondit Gervais, je commence à regretter notre voyage. Aïe ! j'ai le bras droit tout disloqué !

— J'ai une côte enfoncée, mon compère, sans compter que vous m'avez griffé le visage ! Quelle diablesse d'idée a eue M. Roger !

— Et dire que j'ai failli me faire tuer pour un brevet de fournisseur de monseigneur !

— Ah ! tout n'est pas rose dans le chemin des honneurs ! Bon ! ces pierres sont aiguës comme des clous. Ah ! si ce n'était pas pour empêcher la guerre avec le roi de Prusse ! le grand Fréd...

— Allons donc ! allons donc ! cria Fouché, vous restez en arrière !

Les deux bourgeois firent un effort suprême, et ruisselant, soufflant, exténués, ils rejoignirent leurs compagnons engagés alors dans une rue étroite et que l'heure matinale rendait absolument déserte.

— Voilà la maison de poste ! dit Nicolas, en désignant une vaste porte cochère donnant sur une sorte de cour plantée d'arbres et encombrée de meules de foin.

Fouché et Brune pénétrèrent les premiers dans cette cour. En face d'eux étaient les remises occupées par une seule voiture, dont la construction devait remonter au règne de Henri IV.

— Eh bien ! on n'attelle pas ? cria Fouché en s'adressant à un homme vêtu en paysan, qui traversait la cour.

— Tout de suite ! tout de suite ! notre maître, répondit l'homme sans presser sa marche lente, mais faut bien avant que je donne à boire aux moutons.

— Morbleu ! s'écria Fouché en s'avançant...

Mais il ne put continuer la phrase si énergiquement commencée. L'homme venait d'ouvrir la porte d'une étable et un troupeau de moutons se précipitait au dehors, bêlant, bondissant et envahissant la cour.

— Tiens ! fit M. Gorain avec un accent de stupéfaction profonde et comme s'il se fut trouvé tout à coup en présence de quelque animal phénoménal : des moutons !

— Et un berger ! ajouta Gervais sur un ton non moins admiratif.

— Les chevaux ! les chevaux ! criaient à la fois Fouché, Nicolas, Jean et Brune.

— Un brin de patience, donc ! on y va ! répondit le paysan en se frayant un passage à travers les rangs serrés de ses moutons.

Arrivé en présence des voyageurs, il s'arrêta, les regarda bêtement et se dandinant :

— Comme ça, dit-il, vous voulez qu'on attelle le carrosse ?

— Oui ! cria Fouché, et vivement.
— C'est qu'à cette heure les chevaux mangent.
— Eh bien ! ils mangeront au prochain relais !
— Tiens ! c'est que le relais n'est qu'à Etampes, donc ?
— Veux-tu atteler ? s'écria Brune avec un geste menaçant.
— Faites venir le maître de poste ; dit Fouché avec une colère croissante, car il devinait un parti pris dans toutes ces lenteurs.
— Le maître de poste, répondit le paysan, il est à Arainville, donc ! Je suis tout seul avec Pierre, Jean et Joseph !...
— Mettez-vous tous quatre et attelez ! On payera ce ce qu'il faudra.
— Attendez un brin que les moutons aient bu ! Je vas les rentrer et puis après...
— Drôle ! s'écria Jean en saisissant un manche de fourche qu'il fit tournoyer sur la tête du paysan. Si tu n'as pas attelé dans dix minutes, je te brise les reins !

Le paysan lança un regard en dessous au jeune homme, comme pour mesurer ses forces, mais en présence de sa contenance résolue et du feu qui brillait dans ses regards, il tourna sur les talons de ses sabots et se dirigea vers l'écurie.

— Je vais le presser ! dit Nicolas en le suivant.

Cependant, au vacarme qu'avaient fait les voyageurs impatients, plusieurs fenêtres du voisinage s'étaient ouvertes. Celles d'une auberge, donnant sur la cour de la poste, s'étaient garnies de quelques curieux. Au second étage de cette auberge, un homme, accoudé sur la barre d'appui, avait assisté à la scène que nous venons de décrire et il avait paru y prêter une attention soutenue.

— Bravo! bravo! s'était-il écrié en voyant la manœuvre du garçon teinturier. Effaçons un peu le corps! Très bien, mon ami. Ployons sur la jambe gauche! Du moelleux! du moelleux! la garde est parfaite!

En s'entendant louer ainsi, Jean avait levé les yeux vers la fenêtre de l'auberge.

— Tiens! fit-il avec étonnement.

— Eh! dit aussitôt le personnage en envoyant un salut de la main, je ne me trompe pas, j'ai eu celui d'aller et de venir avec vous de Paris à Versailles et *vice versâ* dans le carrabas du cours de la Reine!

— Monsieur Augereau! dit Jean.

— Lui-même, mon ami, lui-même, en promenade à Arpajon, patrie de son oncle!

— Le maître d'armes! dit Fouché en se retournant vivement.

Augereau avait quitté la fenêtre et se préparait évidemment à descendre.

En ce moment, le son d'une trompe de postillon retentit au loin. Le paysan, qui tirait dans la cour un premier cheval tout harnaché, s'arrêta soudain.

— Allons bon! dit-il; encore des voyageurs, et nous n'avons plus de chevaux.

— Et attendant, dit Fouché qui avait entendu cette réflexion, tu vas atteler ceux-ci et vivement.

Le roulement d'une voiture entraînée rapidement, résonna sur le pavé de la petite ville. La trompe sonnait toujours sa fanfare d'arrivée, et bientôt une berline élégante fit irruption dans la cour de la maison de poste. Cette berline contenait deux hommes : l'un de physionomie placide et insignifiante, l'autre le visage bruni, les sourcils épais, les moustaches relevées en crocs avec une expression formidable.

La voiture s'arrêta à quelques pas de l'écurie ; le postillon sauta à terre, et un valet de pied, assis sur le siège, s'élança pour ouvrir la portière.

Le premier, qui descendit, fut le matamore à l'aspect de Tranche-Montagne. Il appuya les talons de ses bottes fortes sur le sol qu'il foula rudement, caressa ses longues moustaches de la main droite, et posa martialement le poing gauche sur la garde de la longue épée qui lui battait les mollets.

Tandis qu'il promenait autour de lui un regard conquérant, son compagnon descendait lentement, soigneusement, de la berline.

Celui-ci, vêtu simplement, semblait afficher dans tous ses gestes, dans l'expression de sa physionomie, une sorte d'humilité, doublée d'hypocrisie, qui allait fort bien à l'air de son visage. Tout était cauteleux dans cet homme, depuis son regard oblique jusqu'à sa façon de s'avancer ; il marchait de côté, le corps légèrement courbé, comme pour tenir le moins de place possible et se dissimuler habilement. Une immense perruque blonde ombrageait sa tête, et, lui tombant sur les yeux, dissimulait une partie de son visage.

— Pierre ! Jean ! vite, les chevaux ! avait crié le postillon.

— Ah ! ben oui, des chevaux, répondit le paysan qui s'était arrêté, tenant toujours par la bride le cheval qu'il venait de tirer de l'écurie ; et où donc que tu veux que j'en trouve, des chevaux ?

— Ah ! fit le postillon avec un accent d'indifférence parfaite, il n'y a plus de chevaux ce matin ?

— Pas plus que sur ma main.

Le postillon se retourna vers les deux voyageurs :

— Mes gentilshommes, dit-il, il va vous falloir attendre.

— Attendre qui ? attendre quoi ? demanda le matamore d'une voix de tonnerre.

— Attendre que les chevaux reviennent pour partir.

— A moins, dit le paysan d'un air narquois, que Petit-Jean ne veuille continuer sa route avec ses bêtes, et doubler le relais jusqu'à Etampes.

— Doubler le relais ! cria Petit-Jean, pour que mes chevaux soient fourbus !

Le martial personnage s'avança entre les deux interlocuteurs.

— Quelles sornettes chantez-vous l'un et l'autre, marauds ? fit-il en fronçant ses épais sourcils. Mort de ma vie, croyez-vous, drôles, que mon compagnon et moi soyons faits pour attendre ? Çà ! qu'on se dépêche de mettre les chevaux à ma chaise !

— Mais, mon bon seigneur, puisqu'il n'y en a plus de chevaux ! répondit le paysan.

— Plus de chevaux ? Et celui que tu tiens par la tête ? et ces deux que j'aperçois au râtelier ? Allons, bellître, dépêche !

— Ces chevaux sont à ces Messieurs, répondit le paysan en désignant Fouché et ses amis.

— Attelleras-tu aujourd'hui ? cria Nicolas en poussant le paysan.

Pendant ce temps le postillon avait dételé de la chaise les trois chevaux qui venaient d'arriver avec elle. Le matamore s'interposa brusquement entre Nicolas et le valet d'écurie.

— S'il n'y a que ces trois chevaux, dit-il d'une voix impérative, je les prends !

— Et nous, Monsieur? demanda Fouché en se mordant les lèvres, car il devinait un incident nouveau, et il ne voulait pas perdre l'avantage que lui donnerait son sang-froid.

— Vous? fit le matamore en toisant insolemment Fouché des pieds à la tête.

— Oui, que ferons-nous ?

— Pardieu ! ce que vous pourrez ; vous attendrez !

— Mais ces chevaux nous appartiennent par droit de priorité.

— Eh bien ! je les prends, moi, par droit de conquête !

— Ces chevaux sont à nous et nous les garderons ! s'écria Brune dont les prunelles flamboyaient.

Jean n'avait pas dit un mot ; mais il avait repris le manche de fourche dont il menaçait tout à l'heure le paysan et il l'étreignait d'une main nerveuse.

Fouché se jeta vivement au devant de Brune et de Jean. Sa rapidité merveilleuse d'intuition lui révélait que le matamore cherchait à provoquer un scandale, à la suite duquel, une arrestation générale pouvait provisoirement entraver de nouveau le voyage commencé.

— Permettez, dit-il ; Monsieur, évidemment, ne se rend pas compte de nos droits.

— Qu'y a-t-il donc? demanda le second voyageur, qui s'était jusqu'alors tenu prudemment à l'écart, et assez éloigné même du lieu de la scène.

— C'est votre compagnon, Monsieur, répondit Fouché en se tournant vers lui, qui prétend s'emparer de vive force des chevaux qui nous appartiennent.

— Eh bien! dit le cauteleux personnage d'une voix insinuante, est-ce qu'il n'y aurait pas moyen d'arranger cela? Nous sommes effectivement très pressés, M. le baron de Broussac et moi, et si vous vouliez avoir un peu de complaisance...

— Pardon, interrompit Fouché, nous sommes également fort pressés, et un accident nous a déjà causé un retard qui peut nous devenir très-préjudiciable.

— Cependant...

— D'ailleurs, nous sommes dans notre droit.

— Et nous y demeurerons, ajouta Brune.

Le paysan, indécis, attendait sans se presser de prendre un parti.

— Attelle à cette voiture, lui dit Jean.

— Attelle à ma chaise! cria le baron de Broussac d'une voix menaçante.

— Obéis, ou je t'assomme! hurla le garçon teinturier.

— Ici, ou je t'éventre! cria le matamore en faisant mine de tirer son épée.

— Corbleu! dit Brune incapable de se contenir plus longtemps; est-ce donc une querelle que vous cherchez, Monsieur.

— Alors je ne l'aurais pas trouvée, répondit le marquis en haussant les épaules avec mépris.

— Monsieur, dit Fouché, je vous rends responsable de ce qui peut arriver, si vous insistez pour demeurer dans votre tort.

— Attelle! dit le baron au paysan sans daigner répondre à Fouché.

Le valet d'écurie, dominé par le ton de commandement que prenait le matamore, se disposa à atteler, à la chaise, le cheval qu'il tenait par la bride.

Jean, le bâton haut, se précipita sur lui ; mais le baron, saisissant le jeune homme d'une main vigoureuse, l'envoya rouler sur une meule à moitié versée. Brune et Nicolas poussèrent un cri de rage et s'élancèrent à la fois ; mais le baron avait mis l'épée à la main ; Nicolas tira son sabre.

— Ah ! ah ! fit le baron en riant, il faut donc donner une leçon aux enfants ? Et qui paiera cette leçon ?

— Moi! dit tout à coup une voix brusque.

Et une longue flamberge menaçante brilla soudain aux premiers rayons de soleil. Chacun s'écarta avec surprise, et Augereau demeura face à face avec le baron de Broussac.

Le maître d'armes avait achevé sa toilette à la hâte, et s'était empressé de descendre pour venir saluer ses anciennes connaissances du carrabas de Versailles.

En arrivant dans la cour (c'était au commencement de l'altercation qui s'élevait entre le baron et les voyageurs), Augereau avait assisté à la scène qui venait d'avoir lieu. En apercevant M. de Broussac, il l'avait regardé attentivement, tout en paraissant chercher dans ses souvenirs, comme si la physionomie du matamore ne lui était pas inconnue.

Augereau, comme tous les hommes réellement braves, était généreux et toujours disposé à prendre le parti du faible contre le fort. En voyant la contenance insolemment provocante du baron, il lui vint, tout à coup, le désir de rabaisser le ton de ce matamore.

Augereau était un enfant des faubourgs de Paris ; il avait la tête chaude, la main leste et l'esprit prompt à prendre une décision. Mettant brusquement flamberge au vent, il s'était tout à coup immiscé dans la querelle qui menaçait de tourner rapidement au tragique, bien résolu à y prendre une large part. Son intervention inattendue avait également surpris tous les assistants, et le compagnon du baron avait laissé échapper un geste de vive impatience.

Jean, qui s'était relevé tout meurtri de sa chute, Nicolas et Brune, la colère au front, firent un même mouvement pour sauter sur le baron ; mais Augereau les arrêta en étendant son épée nue au devant d'eux.

— Minute, mes enfants ! dit-il d'une voix railleuse ; si la main démange à Monsieur, voilà son affaire. Aussi bien, y a-t-il longtemps que je n'ai boutonné un quidam, dont la frimousse me déplaise autant que celle du particulier.

— Qu'est-ce que c'est ? fit le baron en toisant Augereau avec un dédain superbe.

— C'est moi, repartit le maître d'armes d'un air de plus en plus goguenard; Pierre-François-Charles Augereau, prêt à vous servir un coup de pointe si la chose peut vous être agréable ! Je sais ce qu'il en est. Vous voulez empêcher ces messieurs de faire atteler les chevaux qui leur appartiennent. Eh bien ! avec ou sans votre permission on les attellera à leur voiture, et, cela, tout de suite, devant moi... et, si vous n'êtes pas content, vous en serez quitte pour faire la grimace !

— Morbleu ! cria le baron, vous abusez, drôle, de ce que votre fer ne peut croiser celui d'un gentilhomme !

— Toi, gentilhomme ! dit Augereau en haussant les épaules; ta défroque dorée ne te cache pas si bien, que je ne puisse reconnaître la peau de Thomas Nicaud, l'ancien prévôt de salle des Gardes Suisses. J'ai toujours eu envie de savoir si tu avais la parade aussi solide que tu as la langue bien pendue ! Fantaisie de maître d'armes ! Allons ! en garde, voilà le moment ! Vous autres, faites atteler vos chevaux ; moi, je me charge de l'olibrius !

L'intervention d'Augereau, ses gestes menaçants, les paroles qu'il venait d'adresser au superbe baron, avaient complètement changé la face de la scène.

Fouché, d'abord étonné, avait vu avec une évidente satisfaction se produire le maître d'armes. Retenant ses trois compagnons, il les avait empêchés de se mêler à la nouvelle querelle.

— C'est encore un piège, dit-il à voix basse en s'adressant à Brune. Seulement personne n'avait songé à ce qui arrive. Profitons-en habilement. Occupez-vous de faire mettre les chevaux à la voiture.

Brune avait un moment hésité ; mais en voyant la belle contenance d'Augereau, il avait entraîné Nicolas et Jean, et tous trois contraignaient le vieux paysan à atteler au plus vite.

Le voyageur à la mine paterne, à la grande perruque, s'était reculé prudemment et avait laissé son ami, seul, en face du maître d'armes. Seulement sa physionomie impassible s'était subitement illuminée d'une lueur passagère, un éclair avait brillé dans ses petits yeux gris, et il s'était mordu les lèvres avec une violente expression de dépit en entendant Augereau dépouiller le matamore de son apparence de grand seigneur.

— Augereau, murmura-t-il comme s'il eût voulu se graver ce nom dans la mémoire. Je lui apprendrai à se mêler à ce qui ne le regarde pas !

Quant à MM. Gorain et Gervais, les premiers mots de la dispute les avaient profondément émus, et ils avaient pâli, tous deux, en voyant les épées nues reluire au soleil.

— Ah ! mon Dieu ! ils vont se massacrer ! avait murmuré le propriétaire de l'avocat Danton.

Étourdis qu'ils étaient par la course rapide qu'ils venaient d'accomplir par les événements qui se succédaient si brusquement, par la perspective de ce qui semblait se préparer encore, Gorain et Gervais n'avaient pas même aperçu le personnage à la perruque blonde, qui, au reste, s'était toujours tenu hors de portée de leurs regards.

Le baron de Broussac faisait toujours bonne contenance, et la présence d'Augereau ne paraissait nullement l'intimider. En s'entendant nier le titre qu'il s'était donné, il avait violemment relevé son épée et en avait fouetté l'air avec un geste menaçant.

— Çà ! çà ! s'était-il écrié, je vais t'apprendre, maraud, à respecter un gentilhomme de mon rang ! ici ! ici ! à cette place !

Et, gesticulant d'une main, tandis que de l'autre il retroussait sa longue moustache, il désignait un endroit de la cour dont le terrain uni paraissait propre à un combat. Augereau y fut d'un seul bond et se retrouva en garde.

— Tue-le ! murmura le personnage à l'aspect cauteleux, lorsque le baron passa près de lui.

— Combien sa peau ? répondit rapidement le baron.

— Vingt louis !

— Comptez-les alors !

— Fais vite ! il faut revenir aux autres et les empêcher de partir.

Le baron fit signe qu'il comprenait parfaitement, et il alla se placer en face d'Augereau.

Fouché s'était rapproché des deux adversaires. Gorain et Gervais, tremblant comme la feuille, se collaient contre la muraille. Ils semblaient sur le point de s'évanouir. Brune, Jean et Nicolas aidaient le paysan à mettre les chevaux. D'autres domestiques de la poste étaient survenus dans la cour.

Le personnage à la perruque blonde s'approcha du postillon qui venait de dételer les chevaux de la berline, et lui parla bas en se dissimulant derrière une meule de foin.

— En garde ! cria Augereau en fouettant le fer du baron.

Un magnifique soleil levant éclairait cette scène mouvante, et, en dépit de l'heure matinale, une foule de curieux, arrivés au bruit et aux cris, envahissait la cour et l'entrée de la maison de poste.

XII

FLAMBERGES AU VENT !

Les fers engagés, les deux adversaires demeurèrent un moment immobiles. Leurs regards acérés se heurtaient comme leurs épées venaient de se heurter elles-mêmes.

A la garde sûre, à l'engagement sec et décidé, chacun d'eux avait deviné, dans son adversaire, un ennemi sérieux et ils comprenaient tous deux que le duel, qui commençait, devait se terminer par une catastrophe grave et sanglante.

La physionomie d'Augereau, ordinairement commune, revêtait un caractère d'énergie et de bravoure qui en transformait l'expression vulgaire : le maître d'armes était beau à voir, le corps bien assis sur les hanches, le bras gauche arrondi, le droit plié à la saignée, la main haute, couvrant entièrement la poitrine et la pointe de l'épée basse, le buste droit et dont le poids reposait entièrement sur la jambe gauche, la tête rejetée en arrière, les cheveux au vent, les narines dilatées, les lèvres entr'ouvertes et l'œil fixé ardemment sur son adversaire.

Le baron, bien campé, ramassé sur lui-même, le regard aux aguets, le point gauche sur la hanche, attendait évidemment l'attaque pour lancer une ripote prompte.

— Bon! murmura Augereau, je connais la fente italienne, mon bonhomme. Si tu n'as que cela dans ton jeu, nous rirons!

Le baron fit un battement, Augereau demeura ferme et son fer ne dévia pas.

Les quatre ou cinq secondes durant lesquelles les deux hommes demeurèrent immobiles, se *tâtant* du regard et du fer, parurent autant de siècles à ceux qui les contemplaient.

Tout à coup les deux adversaires ployèrent en même temps sur leurs jambes, les fers se froissèrent, une double étincelle jaillit, le baron rompit d'une semelle, Augereau demeura ferme à la même place. Aucun d'eux n'avait été touché.

Un frémissement parcourut la foule des spectateurs. Gorain poussa un gémissement. Gervais se cramponna au bras de son ami.

Augereau releva son épée :

— Minute! fit-il en saluant son adversaire. La partie est belle, mais il ne faut pas risquer à détériorer ses effets. Habits bas, s'il vous plaît!

Et piquant son épée, la pointe dans le sol, il se dépouilla successivement de son habit et de sa veste, qu'il plia soigneusement et il alla déposer sur un appui de fenêtre. Le baron avait arraché ses vêtements et les avait jetés négligemment sur la terre.

— Et puis, reprit Augereau, en retroussant la manche de sa chemise et en mettant à l'air un bras musculeux enjolivé de tatouages de fantaisie, et puis, nous avons oublié une petite formalité. Deux hommes comme nous ne peuvent se battre sans témoins. Ceux qui nous regardent ne sont que des spectateurs. Allons, voici les miens.

Du geste, il désigna Fouché et Jean qui étaient à ses côtés. Les deux hommes firent signe qu'ils acceptaient l'honneur qui leur était fait. Le baron regardait autour de lui.

— Eh! eh! continua Augereau de sa voix la plus calme, votre ami a filé prudemment, on dirait! mais qu'à cela ne tienne! nous trouverons ici des gaillards de bonne volonté pour vous venir en aide. Et tenez! voilà votre affaire!

Augereau, en achevant ces mots, fit un geste engageant à MM. Gorain et Gervais.

Les deux bourgeois que le maître d'armes avait choisis de préférence, par la seule raison que son regard les avait rencontrés en premier, les deux bourgeois n'avaient ni entendu, ni compris.

— Allons! continua Augereau en s'avançant vers eux et en les saluant gracieusement, vous êtes les seconds de mon adversaire! Quand je l'aurai descendu, ce sera votre tour, si la chose peut vous être agréable, et, si le cœur vous en disait plus tôt, ces messieurs sont là, prêts à la riposte!

Gorain et Gervais ouvraient des yeux énormes.

— Quoi ? quoi ? quoi ? fit Gorain en tournant la tête de tous les côtés.

— Messieurs, je vous attends, dit le baron.

— Hein ? fit Gervais qui n'osait pas croire qu'il commençait à comprendre, tant l'horreur d'une pareille proposition le glaçait.

Le baron lui tendit son épée :

— Mesurez les fers ! dit-il.

Gervais prit machinalement l'arme qui lui était offerte et il la maintint comme s'il eût tenu un cierge, sans oser en serrer la poignée.

— Go...rain... balbutia-t-il, Go...rain... vous avez... entendu...

— Je... ne sais... pas, répondit Gorain sur le même ton.

Fouché avait pris l'épée d'Augereau et, suivi de Jean, il s'était avancé vers les bourgeois.

— Allons, Messieurs, remplissons notre devoir, dit l'oratorien avec une joie secrète, car cette nouvelle tribulation apportée à ceux qu'il croyait attachés à ses trousses comme espions, cadrait merveilleusement avec le plan qu'il avait formé et dont nous connaîtrons bientôt l'exécution .

Gorain et Gervais, pâles, tremblants, défaillants, ne pouvaient prononcer une parole.

— Monsieur Fouché, balbutia enfin Gervais, je vous prie de croire que jamais... au grand jamais.

— Allons donc, les témoins ! cria Augereau avec impatience.

— Témoins ! fit Gorain en comprenant enfin la position dans laquelle on venait de le mettre. Ah ! mon doux Jésus! Qu'est-ce qu'on veut nous faire faire?

— Vous aller assister Monsieur! dit Fouché.

— Assister qui? comment?

— Assister l'adversaire de M. Augereau, et s'il est vaincu, prendre sa place, c'est-à-dire vous battre à votre tour!

— Nous battre! dit Gorain en chancelant.

— Les épées! dirent les deux adversaires.

— Elles sont d'égale longueur, répondit Fouché en présentant les deux fers par la poignée.

Puis se retournant vers les deux bourgeois:

— A votre poste! à côté de Monsieur! ajouta-t-il en les poussant rudement.

Gorain et Gervais voulurent faire entendre quelques mots de réprobation, mais leur gorge sèche se refusa à laisser articuler un son. D'ailleurs, Fouché et Jean venaient de passer lestement de l'autre côté et les deux adversaires retombaient en garde.

Les deux bourgeois demeurèrent à la place où on les avait poussés, comme s'ils eussent été transformés en statues. L'émotion violente à laquelle ils étaient en proie, avait produit, sur leurs natures différentes, deux effets diamétralement opposés. Gervais était bilieux : il était devenu jaune. Gorain était sanguin et son visage avait revêtu une teinte du plus beau violet. Gervais, dont les nerfs s'étaient contractés, se tenait droit, le corps renversé en arrière. Gorain, brisé par la terreur, penchait la tête en avant, affaissé par la force du sentiment qui l'anéantissait.

Mais personne ne songeait à examiner les pauvres

victimes : tous les regards étaient anxieusement concentrés sur Augereau et sur le baron.

Le duel était effectivement terrible. Les deux adversaires faisaient jeu égal, même force des deux côtés, même adresse, même sang-froid. Plusieurs passes brillantes avaient eu lieu déjà, et si les ripostes avaient été vives et savantes, les parades avaient excité l'admiration de la foule.

Pendant ce temps, la voiture avait été tirée de la remise et deux chevaux avaient été mis. On était en train d'atteler le troisième. Brune et Nicolas, se contraignant pour ne pas se rapprocher des combattants, veillaient aux manœuvres des valets d'écurie. L'homme à la perruque blonde avait disparu.

Le combat, deux fois interrompu par les adversaires pour prendre un instant de repos, recommençait avec une ardeur nouvelle.

— A moi ! dit Augereau en accusant un coup d'épée qui avait effleuré l'épiderme de son bras. Mais cela n'est rien.

Et retombant en garde, il fit une feinte brillante, trompa le fer et se fendit à fond, mais son épée ne rencontra que le vide. Le baron, se baissant brusquement en se fendant de la jambe gauche, avait appuyé la main gauche contre terre et envoyé un coup terrible de bas en haut.

Augereau devait être transpercé et on croyait le voir tomber, mais il demeura debout. L'épée du baron, qui devait trouer la poitrine de son adversaire, n'avait rencontré que la chemise flottant sur les hanches et l'avait déchirée.

Augereau, par une brusque retraite de corps, avait évité le coup mortel, mais la fureur lui avait fait perdre son sang-froid.

— Chien! cria-t-il en jurant abominablement. Je t'avais bien dit que je connaissais la fente italienne.

Et, enlevant d'un coup de prime l'épée du baron, il glissa sous la lame... Le baron ouvrit les bras... Son épée lui échappa, il battit l'air, tourna sur lui-même et tomba lourdement.

Augereau essuya froidement son épée dont le sang rougissait la lame.

— J'en suis fâché, dit-il ; mais il m'y a forcé.

La foule, retenue jusqu'alors par la fascination que produisait sur elle le combat engagé, se rua dans la cour avec un murmure confus.

Gorain et Gervais étaient toujours immobiles ; le corps du baron avait roulé à leurs pieds. L'adversaire d'Augereau se roidissait dans les convulsions de l'agonie.

Les deux bourgeois, pétrifiés, anéantis, n'avaient plus ni voix ni regard, et, au moment où le baron expirait, tous deux, succombant à la violence de l'émotion qu'ils ressentaient, tombèrent évanouis à côté du cadavre.

— En voiture ! dit vivement Fouché.

Et saisissant Augereau par le bras :

— Venez avec nous, ajouta-t-il.

— Où allez-vous ? demanda le maître d'armes.

— Vous le saurez ; venez !

Augereau hésita un moment.

— Bah ! fit-il, je veux bien ; en route !

Un postillon était près de la voiture.

— A tes chevaux ! lui commanda Fouché d'une voix impérative.

— Et les bourgeois, dit Brune, les emmènerons-nous ? Fouché réfléchit.

— Laissons-les ! dit-il.

Nicolas et Jean étaient déjà dans la voiture. Brune, s'élança sur le marchepied.

En ce moment un tumulte éclata à l'extrémité de la cour, et trois hommes se précipitant à la fois par une autre porte de la maison de poste donnant sur la rue, se jetèrent au milieu des assistants, s'ouvrant un chemin jusqu'au cadavre du baron. L'homme à la perruque se glissait à leur suite. Les trois personnages, d'aspect tout aussi martial qu'était le défunt adversaire d'Augereau, paraissaient en proie à une grande colère et à une poignante douleur.

Tous trois poussaient de profonds gémissements entremêlés de violentes menaces. La foule s'écartait devant eux et semblait attendre, de leur présence, de nouveaux événements.

Un silence se fit à l'instant où les trois hommes s'arrêtèrent en face du corps du baron.

— Mon ami, mon frère ! ô toi que je regardais comme un autre moi-même ! Se peut-il qu'une main criminelle m'ait privé de toi à jamais ! s'écria en poussant des sanglots, en levant les bras au ciel, en se tordant en contorsions, le premier des trois personnages accourus sur le théâtre du duel.

— Pauvre baron de Broussac ! un si digne gentilhomme ! ajouta le second d'une voix lamentable.

— Il est mort! dit lugubrement le troisième en interrogeant la poitrine de l'adversaire d'Augereau.

— Mort! répéta le premier. Quel est l'infâme qui l'a tué? Il me faut tout son sang!

— On l'a tué sans doute par trahison!

— Et son adversaire a fui lâchement!

— Hein? fit Augereau en s'arrêtant brusquement sur le marchepied de la berline. Qu'est-ce qu'ils veulent ces trois olibrius-là?

— Montez! montez! dit vivement Fouché en le poussant.

— Permettez; je n'ai pas envie qu'une fois parti on médise sur mon coup d'épée.

— Eh! qu'est-ce que cela vous fait?

— Eh bien! et ma réputation?

— Votre coup d'épée était loyal; montez vite!

— Il faut que ces gaillards-là rétractent ce qu'ils viennent de dire alors! fit Augereau en repoussant Fouché.

— Au diable! s'écria celui-ci dont l'impatience fiévreuse n'avait plus de bornes; car il comprenait que l'arrivée des trois personnages était un nouvel incident destiné à retarder encore le départ. Au diable! ils ne rétracteront rien, et vous allez vous faire une autre affaire.

— Mais ces drôles m'insultent! dit Augereau dont la colère augmentait de minute en minute. Vous ne les entendez donc pas?

— Partons!

— Non!

— Alors, nous partons sans vous!

— Comme vous voudrez!

Et Augereau, écartant la foule à son tour, s'avança vers les amis du défunt qui continuaient leurs lamentations à l'égard du mort, et leurs récriminations insultantes et menaçantes envers l'heureux adversaire du baron.

Bruno, Jean et Nicolas voulurent sauter à terre.

— Restez, dit Fouché en les contenant.

— Mais nous ne pouvons pas le laisser seul en face de ces hommes ! s'écria Bruno en désignant Augereau.

— Il faut partir, vous dis-je !

Et Fouché, s'élançant dans la voiture, referma violemment la portière.

— En route ! cria-t-il au postillon.

Celui-ci se disposa à obéir. En ce moment un courrier, portant la livrée princière de la famille d'Orléans, surgit, à cheval, sur le seuil de la grande porte et il cria, à tue-tête, en faisant claquer son fouet :

— Place au courrier de Son Altesse Sérénissime, monseigneur le duc de Chartres !

Et, poussant son cheval dans la cour, où la foule s'écarta :

— M. Fouché ! cria-t-il en regardant de tous les côtés.

Il était près de la berline où était Fouché.

— C'est moi, répondit l'oratorien avec étonnement ; que voulez-vous ?

— De la part de S. A. S. Monseigneur le duc de Chartres, dit le courrier en tendant une missive cachetée aux armes de la maison d'Orléans.

— Une lettre du duc de Chartres ! fit Fouché ; vous vous trompez sans doute ; elle ne peut m'être adressée.

— La suscription porte bien, cependant, à M. Fouché, et M. Fouché c'est vous ?

— Certes ; mais je n'ai pas l'insigne honneur d'être en correspondance avec Son Altesse.

Le courrier ne répondit pas, et il continua à tendre sa dépêche que Fouché prit, avec une sensation d'étonnement de plus en plus vive.

— Qu'est-ce encore que cela ? murmura-t-il en décachetant l'enveloppe.

Pendant ce temps Augereau s'était rapproché du cadavre et il se trouvait face à face avec les trois nouveaux personnages. MM. Gorain et Gervais, toujours évanouis, paraissaient tout aussi privés d'existence que le baron de Broussac. Jacquet se tenait derrière les trois hommes, se dissimulant au milieu de la foule.

— Ça ! dit Augereau d'une voix tonnante, qu'est-ce que vous chantez tous les trois depuis un quart d'heure ? L'adversaire de votre ami, c'est moi ; et par la morbleu ! je me suis battu loyalement, entendez-vous ?

— Le meurtrier ! cria l'un des trois hommes avec un accent indigné.

— Il ose venir ici ! ajouta l'autre.

— C'est pour que nous vengions le baron ! hurla le troisième en portant la main à la garde de son épée.

— Voyons, dit Augereau en dominant le tumulte, qui êtes-vous et que voulez-vous, à la fin ?

— Je suis, moi, le marquis de Grandfleur ! répondit le premier personnage en se redressant.

— Et moi le comte d'Espignol ! dit le second.

— Et moi le chevalier de Nérestan ! ajouta le troisième.

— Et nous sommes tous trois les parents et les

meilleurs amis du baron de Broussac, que vous venez de tuer lâchement ! reprit le marquis.

En entendant l'énumération pompeuse, Augereau avait souri. Au dernier mot prononcé par le marquis, il devint cramoisi de colère ; mais se contenant, en faisant un énergique effort :

— Messieurs de Grandfleur, d'Espignol et de Nérestan, dit-il en retroussant sa moustache, vous êtes trois insignes menteurs ; car, si vous êtes véritablement les parents de celui que je viens de tuer loyalement, vous n'êtes ni marquis, ni comte, ni chevalier, car lui-même n'était pas plus baron de Broussac que je ne suis, moi, maréchal de France ! Est-ce clair ?

— Il insulte la mémoire du défunt ! cria le comte d'Espignol.

— Je vous dis, fit Augereau sans sourciller, que celui-là était prévôt d'armes aux Gardes Suisses, et je suis sûr de ce j'affirme ! Il s'appelait Nicaud, et, en fait d'ancêtres, il n'a jamais connu son père !

— Je vais te faire rentrer tes insolences dans la gorge ! hurla le chevalier en tirant son épée.

— Vengeance ! ajouta le marquis en imitant M. de Nérestan.

— A moi ! à moi ! fit le comte en s'efforçant d'écarter ses amis pour attaquer seul Augereau.

Celui-ci, faisant un appel, s'était mis en garde avec autant de sang-froid que s'il eût été dans sa salle.

Les trois hommes, l'épée haute, se précipitèrent d'un même élan vers leur audacieux adversaire. La foule, indignée de cette disproportion de l'attaque avec la défense, poussa un cri d'horreur ; mais la vue des lames menaçantes empêcha que personne n'intervint efficacement.

Ce nouveau combat avait lieu sur le même terrain qu'avait ensanglanté le premier. Le cadavre du baron de Broussac gisait aux pieds des combattants, flanqué des deux corps inanimés des deux bourgeois qui n'avaient point encore repris connaissance.

En se précipitant, le marquis de Grandfleur posa le pied sur la main étendue du propriétaire de l'avocat Danton. La douleur arracha un cri au pauvre Gorain et lui rendit le sentiment de l'existence. Roulant sur lui-même comme une boule, il alla s'abattre sur Gervais, lequel tiré à son tour de l'engourdissement qui le rendait immobile, fit entendre un gémissement.

Les deux bourgeois ouvrirent en même temps les yeux. Au-dessus de leur tête, brillaient les quatre épées nues des quatre nouveaux combattants. La présence du danger rendit aux deux malheureux voyageurs leurs forces anéanties, et le sentiment de la conservation parlant plus haut que celui de la terreur, tous deux se relevèrent sous cette toiture de lames qui s'agitaient au-dessus de leur tête et cherchèrent à se sauver en poussant des cris aigus.

Cet incident arrêta brusquement le combat qui allait s'engager.

Mais tandis que Gorain et Gervais, à demi fous de frayeur, se précipitaient vers la berline, les trois adversaires d'Augereau revenaient sur lui. Le maître d'armes ramassa les trois fers menaçants dans un demi-cercle habilement tracé...

— J'en tuerai toujours un ! murmura-t-il avec rage,

en comprenant que l'inégalité du combat devait forcément entraîner sa perte.

Et faisant un bond en arrière, Augereau s'appuya contre une meule de foin pour forcer ses ennemis à ne l'attaquer qu'en face. Ceux-ci s'élancèrent à la fois; mais au moment où le marquis touchait terre, un coup violent appliqué sur son épaule le fit trébucher. Se retournant avec un geste furieux, il heurta son épée contre une fourche d'écurie, et Jean, les yeux étincelants, se dressa devant lui.

— Lâche! cria le garçon teinturier, trois contre un!
— Part à trois! fit en même temps une voix claire.

Et Nicolas saisissant le chevalier par le collet, le fit brusquement tourner sur ses talons. Le comte demeurait seul en face d'Augereau.

L'homme à la perruque, qui s'était d'abord porté en avant, se recula vivement en voyant les deux jeunes gens venir au secours du maître d'armes ; mais comme il essayait de nouveau à se dissimuler dans la foule, une main vigoureuse s'appesantit sur sa nuque.

— Monsieur, dit Brune en le secouant rudement, c'est vous qui avez été chercher ces hommes, c'est vous qui avez excité ce combat, il faut que vous y preniez part! A nous deux, s'il vous plaît!

Le compagnon du feu baron de Broussac, écarquilla ses petits yeux, et tout surpris de cette agression inattendue il balbutia quelques paroles.

— Ah! reprit l'étudiant, il y a un complot contre nous, il paraîtrait. Eh bien, mort-Dieu! tant pis pour les conspirateurs ; vous n'avez pas d'épée, mais j'ai une canne et un bras solide, cela suffit!

— Au secours ! à l'aide ! cria l'homme à la perruque ; mais sa voix fut étouffée dans le tumulte.

La cour de la maison de poste présentait alors un coup d'œil étrangement émouvant.

Au centre, au pied de la meule, à l'endroit même où le corps du baron inondait la terre d'un sang noir, Augereau et le comte se battaient avec un acharnement égal. A côté d'eux, sur la gauche, Nicolas s'escrimait de son sabre d'infanterie contre la longue épée du chevalier. A droite, Jean, maniant avec une habileté remarquable l'arme singulière dont il s'était emparé, donnait une rude besogne à son adversaire. Plus loin, Brune, furieux du rôle muet qu'avait joué celui dont il ignorait cependant la véritable mission, Brune administrait d'une main robuste une correction redoublée au compagnon du baron.

La foule, grossissant à toute minute, n'osait prendre part à aucun de ces combats particuliers, et se contentait de se maintenir à distance respectueuse.

Fouché aussi avait quitté la berline ; mais laissant ses compagnons s'escrimer dans la cour, il avait pénétré dans la maison de poste, en se faisant suivre par le courrier.

Lorsque Nicolas, Brune et Jean s'étaient élancés pour prendre part à l'action et porter secours à celui qui leur avait, précédemment, si généreusement prêté son assistance, Fouché venait de décacheter la lettre que lui avait remise le valet du duc de Chartres.

Après l'avoir lue sans y rien comprendre, Fouché était demeuré le regard fixe, toute son intelligence tendue vers un même point. Il cherchait la lumière au milieu de cette énigme obscure. Tout à coup, sans même jeter un coup d'œil sur ce qui se passait autour de lui, il avait bondi hors de la chaise.

— Viens! dit-il au courrier en l'entraînant vers le corps de logis.

La maison était déserte; tous les habitants se pressaient au premier rang des spectateurs. Fouché s'assit précipitamment devant une table-bureau, servant au maître de poste, et sur laquelle se trouvait tout ce qui est nécessaire pour écrire. Se tournant brusquement vers le courrier, il fouilla dans la poche de son habit et il déposa cinq louis d'or sur la table.

Le courrier jeta sur les louis un regard caressant.

— Cet argent est à toi, dit Fouché d'une voix brève, si tu me réponds nettement et franchement.

Le courrier leva les yeux vers son interlocuteur; celui-ci le regardait avec une fixité fascinatrice.

— Est-ce Son Altesse elle-même, en personne, qui t'a remis cette lettre pour moi? demanda Fouché.

— Non, répondit le courrier après avoir hésité un moment.

— Qui est-ce alors?

— Un ami de Monseigneur.

— Le comte de Sommes? dit Fouché.

— Oui.

— Je le savais bien! murmura l'oratorien.

Puis, prenant une plume et une feuille de papier, il se mit à écrire rapidement.

— Prends cet argent; il est à toi! dit-il au courrier sans interrompre son occupation.

Le valet râfla l'or et l'enfouit dans la poche de sa veste.

— Maintenant, reprit Fouché en cachetant la lettre qu'il venait d'écrire, et en la remettant au courrier, tu vas porter directement cette missive au comte de Sommes. C'est la réponse que demande monseigneur. Vas ! pars sur l'heure, et fais diligence !

Et, poussant le courrier hors de la maison, il s'élança vivement dans la cour.

Le combat continuait toujours ; mais Fouché n'avait pas fait deux pas en avant, qu'un cri poussé par la foule l'avertit qu'une catastrophe venait d'avoir lieu. Fouché courut comme une flèche, écartant les rangs pressés qui obstruaient sa vue.

L'adversaire d'Augereau se battait avec une vigueur et un sang-froid attestant une longue habitude du métier des armes. Celui de Nicolas semblait jouer avec son ennemi, bien certain de terminer la lutte dès qu'il le voudrait.

Augereau avait failli, deux fois, sentir s'enfoncer dans sa poitrine le fer du comte, et son animation était effrayante. Voulant en finir promptement, il marcha en avant, le comte rompit d'un pas, Angereau fit un double engagement, se découvrit, et, dégageant l'épée brusquement à l'instant où son adversaire se croyait menacé d'une attaque compliquée, il lui troua la poitrine avec une telle force, que le fer demeura engagé dans la plaie. C'était, en ce moment, que Fouché accourait.

Débarrassé de son ennemi, Augereau jeta un regard rapide autour de lui. Brune venait de lâcher l'homme à la perruque, et celui-ci, roué de coups de canne, était allé tomber sur un amas de fumier qui lui prêtait sa couche moelleuse.

Jean, préservé de toute blessure, avait à moitié assommé le marquis de Grandfleur, et un dernier coup de manche de fourche, vigoureusement appliqué, fit voler en éclats l'épée du prétendu gentilhomme. Celui-ci, se voyant désarmé, et entendant siffler autour de ses oreilles, l'arme de fantaisie de son adversaire, recula vivement, et, s'élançant vers la porte, se mit à fuir, couvert par les huées des spectateurs.

Restaient Nicolas et le chevalier de Nérestan. Le jeune soldat avait un désavantage évident. Blessé deux fois déjà, quoique légèrement, il combattait toujours; mais en ce moment son adversaire l'attaquait avec une vigueur à laquelle le jeune homme ne devait pas résister. Augereau courut à lui :

— Laissez ! cria le jeune soldat en parant tant bien que mal un coup habilement porté.

Et, se précipitant l'arme haute sur son ennemi, il lui fendit la cuisse d'un coup de sabre. Le chevalier chancela et s'affaissa sur lui-même. La foule battit des mains au triomphe des jeunes gens.

— Victoire ! cria Jean en brandissant sa fourche.

— Victoire ! répéta Nicolas, tout fier de son premier combat.

— Maintenant en voiture et vivement ! dit Fouché en entraînant les deux jeunes gens. Et, quoi qu'il arrive, ne bougez plus !

Brune poussait Augereau vers la berline. Fouché et

l'étudiant entassèrent leurs compagnons dans l'intérieur de la voiture et montèrent les derniers.

— En route ! crièrent-ils au postillon.

Celui-ci, intimidé par ce qui venait d'avoir lieu, fouetta ses chevaux. La foule s'écarta respectueusement devant les vainqueurs, et la berline quitta enfin la maison de poste d'Arpajon, laissant dans la cour les spectateurs émus, étonnés, et s'empressant autour des deux cadavres.

L'adversaire de Nicolas fut transporté dans l'intérieur de la maison, et l'homme à la perruque, qui s'était relevé lentement, tout meurtri, suivait de l'œil la voiture roulant dans la rue.

— Brune ! murmura-t-il d'une voix vibrante, et tandis que sa physionomie revêtait une expression impossible à décrire. Brune ! Voilà un nom que je n'oublierai jamais, et un homme que je poursuivrai éternellement de ma haine ! Comme je m'appelle Roquefort, celui-là ne mourra que de ma main !

XIII

LES CAISSIERS DU VOYAGE

La berline traversait Arpajon, enlevée au grand trot des trois chevaux menés lestement. Le postillon faisait claquer son fouet comme pour célébrer le triomphe de ses voyageurs. Parmi ceux-ci, Jean et Nicolas semblaient ivres de joie.

— Je me suis battu ! criait le jeune soldat.

— J'ai fait fuir mon homme ! disait Jean avec un fier regard.

— Victoire ! reprenaient-ils tous deux ensemble. Maintenant rien ne nous arrêtera !

— Oui, répondit froidement Fouché, si nous savons éviter les grandes routes et les mauvaises rencontres.

— Eh ! dit tout à coup Augereau en se baissant, qui diable me grouille-là dans les jambes ?

— Qu'est-ce que c'est que cela ? fit en même temps Brune en se baissant également.

Tous les voyageurs interrogèrent du regard le fond

de la voiture. De dessous de chacune des deux banquettes venaient de sortir deux têtes, et deux voix lamentables s'élevèrent piteusement.

— M. Gorain ! dit Jean avec surprise.
— M. Gervais ! ajouta Fouché.

C'était effectivement les deux bourgeois. Après s'être sauvés de la bagarre, les pauvres gens avaient cherché un refuge, et, trouvant la berline stationnaire, ses deux portières ouvertes, ils s'y étaient précipités ensemble, se cachant sous le drap des banquettes.

Depuis le départ de la voiture, ils n'avaient pas osé bouger : ils se tenaient cois dans une situation des plus pénibles, ne sachant pas comment leurs compagnons prendraient leur entrée innattendue en scène. Cependant, se sentant engourdis et respirant à peine, ils avaient hasardé un mouvement en avant chacun de leur côté : Gorain avait donné de la tête dans les jambes du maître d'armes, et Gervais s'était frayé un passage entre les mollets de Brune.

En voyant les deux bourgeois, Fouché fit un geste de satisfaction, et il s'empressa de les rassurer et de les aider à sortir de leur situation gênante. On se serra et on fit place aux nouveaux voyageurs. Fouché, après avoir témoigné la plus vive amitié à MM. Gorain et Gervais, et avoir fait signe à ses compagnons de l'imiter, se pencha en dehors de la portière.

— Postillon ! cria-t-il, le premier relais n'est-il pas à Étampes ?

— Oui, Monsieur, répondit le postillon en maintenant ses chevaux.

— Et en quittant la grand'route pour prendre ce

chemin qui est là, sur la droite, où irions-nous ?
— A Boissy-le-Sec.
— Et ensuite ?
— A Boutervilliers.
— De cette façon, nous tournerions Etampes ?
— Sans doute.
— Alors, prenez le petit chemin.
— Mais le relais ?
— Ne vous inquiétez pas ? Vous nous quitterez à Boutervilliers, et nous payerons double.

Le postillon parut fort satisfait de la promesse, et il tourna à droite sans hésiter. La berline quitta la grand-route, et les chevaux s'élancèrent, excités par les claquements redoublés du fouet de leur conducteur.

— Il n'y a pas de relais à Boutervilliers, dit Brune. Comment ferons-nous ?
— Nous achèterons des chevaux.
— Mais l'argent ?

Fouché haussa les épaules, et, désignant du regard les deux bourgeois :

— Gorain et Gervais sont riches, murmura-t-il, et j'en reviens à mon principe : il faut savoir utiliser, à son profit, les armes de ses ennemis !

La voiture filait rapidement. Les divers accidents qui venaient d'arriver, loin d'avoir ralenti l'ardeur des voyageurs, paraissaient, au contraire, leur donner une énergie nouvelle.

Fouché, redoublant d'empressement auprès des deux bourgeois, les comblait d'attention et de politesse. MM. Gorain et Gervais, encore mal remis des secousses violentes qu'ils venaient d'éprouver, semblaient plon g dans un océan de regrets où se noyait complètement leur désir de voyager ; mais peu à peu, revenant à la situation présente qui n'avait rien de bien inquiétant, ils se calmèrent, et les douces paroles de Fouché caressant agréablement leur amour-propre, la présence de leurs compagnons, du courage et de la résolution desquels ils avaient été témoins, les rassurant sur l'avenir, leurs rêves dorés leur revinrent à l'esprit, et ils oublièrent leurs mésaventures, pour ne songer qu'à la brillante récompense qui les attendait une fois leur mission accomplie. Brune, qui était assis près d'Augereau, lui racontait brièvement l'histoire de la jolie mignonne, et le but du voyage entrepris.

— Bravo ! dit le maître d'armes ; c'est une bonne action, et j'en suis ! Je ne vous quitte pas avant que nous n'ayons ramené l'enfant à ses parents. Seulement, je vous avertis d'une chose, c'est que je ne possède que trois écus pour faire le voyage.

— Bah ! dit Fouché en riant, Dieu viendra à notre aide.

En ce moment la route faisait un coude brusque et courait droit vers l'ouest. La voiture tourna donc rapidement, et Fouché, qui se trouvait assis sur la banquette de devant, eut à l'horizon toute la partie du chemin que la berline venait de parcourir. Ses regards, qui erraient sur la campagne, devinrent fixes tout à coup, et un tressaillement nerveux des lèvres indiqua chez lui une violente préoccupation de l'esprit. Il apercevait au loin un léger tourbillon, qui paraissait marcher sur la route, suivait la berline en maintenant entre elle et lui une distance toujours égale.

Fouché laissa écouler quelques instants, puis se penchant vers la portière, il interrogea l'horizon et il vit encore le tourbillon de poussière à une même distance. Trois fois, à divers intervalles, il opéra la même manœuvre et trois fois il fit la même remarque ; seulement à la troisième, et comme il examinait plus attentivement la route, un coup de vent violent chassa en partie la poussière et Fouché vit briller au soleil les boucles du harnachement d'un cheval. Faisant signe à Brune de se pencher vers lui :

— Avant d'arriver à Arpajon, dit-il, je vous avais averti que l'on nous suivait.

— Oui, répondit l'étudiant.

— Au moment où nous versions, n'avez-vous pas entendu le galop d'un cheval qui rejoignait l'endroit où tombait notre voiture.

— Si fait : j'ai parfaitement entendu et même il me semble qu'un bruit de paroles est arrivé vaguement jusqu'à moi.

— Vous ne vous êtes pas trompé. On nous suivait depuis Bourg-la-Reine et on nous suit encore.

— Vous croyez ?

— J'en suis certain. J'avais mis cette poursuite sur le compte de ceux qui ont tenté d'entraver notre voyage à Arpajon, mais je me suis trompé.

— Comment cela ? demanda Brune avec étonnement mais en accordant la plus profonde attention à ce que lui disait Fouché, en lequel il reconnaissait une intelligence peu commune.

— Celui qui nous suit ne faisait nullement partie de la bande de l'homme que vous avez si vigoureusement corrigé. Son cheval n'était point à la maison de poste, et, loin d'être resté à Arpajon, celui-ci nous attendait sur la route. Il devait même être en avance sur la route d'Etampes. Il ignorait que nous dussions faire un crochet, et il n'a appris notre changement de chemin que par les claquements du fouet de notre postillon.

— Bah ! vous croyez que le postillon ?

— Est d'accord avec celui dont je vous parle. J'en réponds.

— Mais quel est celui-là ?

— Je l'ignore encore.

— Ma foi ! dit Brune, je ne comprends rien à ce qui nous arrive. Comment la recherche à laquelle nous nous livrons peut-elle nous attirer un si grand nombre d'ennemis ?

— Vous oubliez l'histoire que j'ai commencé à vous raconter et que l'accident de la voiture a si brusquement interrompue.

— Eh bien ?

— Eh bien ! quand vous en connaîtrez la fin, vous ne vous étonnerez plus.

En ce moment la berline atteignait le petit village de Boissy-le-Sec. Fouché se pencha encore à la portière : le tourbillon de poussière, qui avait si fort éveillé son attention, s'élevait toujours sur la route à égale distance de la berline.

Il était près de onze heures du matin lorsque la berline atteignit Boutervilliers, l'endroit où l'on devait quitter les chevaux de poste. Les voyageurs mouraient de faim. Les deux bourgeois surtout, Augereau, Nicolas et Jean déclarèrent qu'ils étaient prêts à s'entre-dévorer, si on ne leur permettait pas d'avoir recours à des aliments plus convenables. La berline s'était arrêtée devant une auberge.

— Déjeunez! dit Fouché à ces compagnons; moi, pendant ce temps, j'achèterai les chevaux qui nous sont nécessaires.

A ces derniers mots, Gorain et Gervais, qui marchaient en tête et pénétraient déjà dans l'auberge, poussèrent en même temps un soupir et se jetèrent mutuellement un long regard chargé de désolation.

— Des chevaux ! murmura Gorain à l'oreille de Gervais. Cela coûte bien cher, hein ?

— Les yeux de la tête ! répondit Gervais.

— Pourquoi diable avez-vous offert notre bourse à M. Fouché?

— Eh ! le moyen de la lui refuser ? Il nous aurait plantés là !

— C'est vrai ! Ah ! l'échevinage coûte gros !

— M. Fouché a assuré, qu'à l'autre relais, il revendrait les chevaux sans trop perdre dessus.

— Dieu le veuille, Gervais !

Une table toute dressée au milieu de la salle de l'auberge vint faire une heureuse diversion aux regrets des deux bourgeois.

Fouché, comme on le voit, avait mis en œuvre sa maxime favorite : il se servait des deux espions au profit de sa propre cause. Gorain, Gervais, Augereau, Jean et Nicolas se mirent à table. Brune avait voulu accompagner Fouché.

L'argent à la main, ils eurent promptement fait acquisition des deux chevaux qu'ils cherchaient et ils les firent immédiatement atteler à la berline.

— Qui conduira ? demanda Brune.

— Moi, répondit Fouché. Nous monterons tous deux sur le siège. Il faut que nous puissions veiller nous-mêmes à ce qui se passera sur la route. De cette façon nous déjouerons plus facilement les desseins de nos ennemis. Avant de partir, examinez soigneusement la voiture, que nous n'ayons aucun nouvel accident à redouter.

— Mais, fit observer Brune, la présence perpétuelle de Gorain et de Gervais nous empêchera d'établir le plan que nous devons suivre. N'avez-vous pas encore un peu de ce tabac qui les avait si merveilleusement endormis la nuit dernière ?

— Je n'en possède plus une parcelle, et en aurais-je encore une boîte pleine, que je ne m'en servirais pas maintenant. Pour que ces choses-là réussissent, il ne faut les employer qu'une fois de loin en loin. Tout bêtes que soient Gorain et Gervais, ils pourraient supposer la vérité, la révéler par conséquent à ceux qui les ont apostés près de nous, et ceux-là ne doivent pas supposer un seul instant que nous ne soyons pas dupes. Quant à communiquer les uns avec les autres sans même donner un soupçon aux deux bourgeois, rien de plus simple et de plus facile. L'un de nous conduira les chevaux et à tour de rôle chacun des autres montera près de lui sur le siège ; Gorain et Gervais auront même leur tour. De cette façon nous pourrons successivement nous parler sans témoins et en tenant, seul, l'un des deux espions, nous pourrons probablement encore les faire jaser tous deux à notre profit. Comprenez-vous ?

— Parfaitement ! dit Brune émerveillé de la profondeur de la rouerie dont l'oratorien faisait preuve.

— C'est surtout dans cette double intention que j'ai abandonné la poste pour acheter des chevaux.

— A propos, reprit l'étudiant après un moment de silence, qui était-ce donc que ce courrier qui s'adressait à vous dans la cour de la poste à Arpajon ? Les événements m'ont empêché de vous demander des renseignements à cet égard.

— Ce courrier, répondit Fouché, m'était adressé par le duc de Chartres.

— Vous êtes donc en relation avec le duc ?

— En aucune manière.

— Eh bien alors ?...

— Lisez ! interrompit Fouché en tendant à Brune la lettre que lui avait remise le courrier.

L'étudiant prit la missive, l'ouvrit vivement, et, après l'avoir parcourue, il la rendit à Fouché en jetant sur celui-ci un regard interrogateur. Il était évident qu'il ne comprenait rien à ce qu'il venait de lire.

— J'ai cherché longtemps avant de comprendre, dit Fouché en souriant ; mais je crois avoir trouvé le mot de l'énigme.

— Et ce mot, quel est-il ?

— Je vous le dirai tout à l'heure après avoir terminé l'histoire que je dois vous confier. Maintenant les chevaux sont mis ; déjeunons rapidement et partons.

Fouché et son interlocuteur étaient alors sur le seuil de la porte de l'auberge ; tous deux entrèrent, et, tandis que Jean et Nicolas allaient veiller à la voiture, ils s'attablèrent auprès de leurs autres compagnons.

Le repas de ceux-ci était terminé ; Augereau aidait obligeamment les deux bourgeois à vider la dernière bouteille. Gorain et Gervais, l'estomac satisfait, paraissaient avoir complètement oublié les événements passés.

— Le grand air m'avait donné une belle pointe d'appétit, dit en souriant le propriétaire de l'avocat Danton.

— Aurons-nous des choses à raconter, hein ? compère, fit Gervais avec un sentiment d'orgueil ; quand nous reviendrons chez nous, nous ne tarirons pas !

— Ah ! un voyage est une belle chose à accomplir, dit Augereau.

— C'est vrai, ajouta Gervais ; je ne l'aurais jamais cru cependant. En avons-nous vu déjà des événements !

— Et vous en verrez bien d'autres, messieurs ! dit Fouché en se levant de table.

— Maintenant, fit Gervais en tirant sa bourse, il faut payer ; combien devons-nous chacun ?

— Messieurs, dit Fouché en s'adressant aux deux bourgeois, vous comprenez que dans un voyage aussi long que celui que nous entreprenons, il est impossible de faire chaque jour, à chaque relais, à chaque repas, des comptes séparés. Puisque nous voyageons à frais communs...

— C'est bien entendu, interrompit Gervais.

— Il est plus simple, continua Fouché, que deux d'entre nous soient chargés spécialement de toutes les dépenses à faire ; puis le voyage terminé, nous partagerons également entre nous la somme à rembourser ; cela vous paraît-il juste ?

— Sans doute, dit Gorain ; mais...

— Et, interrompit l'oratorien, je vous prie, Messieurs, au nom de mes compagnons et au mien, d'être les caissiers de notre entreprise.

— Permettez... dit vivement Gervais.

— Nous ne saurions mieux placer notre confiance, interrompit encore Fouché.

— Certes ! ajouta Bruno en devinant l'intention de l'oratorien.

— Cependant... commença Gorain.

— Ces Messieurs savent parfaitement commander, dit Augereau ; nous venons d'en avoir la preuve ; on voit qu'ils en ont l'habitude.

— Certainement... je ne dis pas que... balbutia Gorain, dont l'amour-propre flatté combattait l'envie de décliner l'honneur que l'on faisait à sa bourse.

— Messieurs, dit Fouché d'une voix grave, j'ai toujours eu pour principe d'accorder à l'expérience que donne l'âge tout le respect qu'elle mérite. Vous seuls pouvez accepter cette mission de confiance. Tout ce que vous ferez, sera bien fait. Nous approuvons d'avance les comptes que vous tiendrez, et nous n'examinerons pas seulement un seul de vos chiffres.

— Sans doute, dit Gervais en faisant une légère grimace, la confiance que vous nous témoignez est grande, et nous sommes flattés ; mais... il y a peut-être un empêchement...

— Lequel, demanda Fouché.

— L'argent nécessaire...

— Nous n'en avons presque pas, ajouta Gorain.

— Oh ! dit Fouché, la chose n'est pas embarrassante.

Quand vous êtes venus chez moi hier soir, vous aviez vos bourses bien garnies, puisque vous me proposiez généreusement un prêt que j'ai dû refuser.

— Cela est vrai, mais cependant...

— Puis deux hommes de votre importance ne sont pas les premiers venus...

— C'est encore vrai, dit Gorain en se redressant.

— Et lors même que notre voyage serait plus long et plus dispendieux que je ne le crois, nous trouverions aisément, dans la première grande ville, à négocier votre signature si justement recherchée...

— Je crois, en effet, balbutia Gorain, que...

— Oui, se hâta d'interrompre Gervais, nos signatures sont valables; mais cependant...

— Permettez, dit Fouché, il est temps que nous nous distribuions les rôles que nous devons, chacun, avoir dans l'aventure où nous nous lançons. Il y a trois points bien distincts à établir : la force morale, c'est-à-dire la direction à donner à l'ensemble; le côté matériel, c'est-à-dire les entreprises hasardeuses à supporter, les obstacles à vaincre, les événements à combattre, et, peut-être même bien probablement, les hommes à renverser pour arriver au but ; enfin, le côté vulgaire du voyage, ou les comptes à tenir, à solder, à établir.

— C'est clair, dit Augereau. Moi, Nicolas et Jean, nous nous chargeons des obstacles à renverser et des ennemis à pourfendre.

— Moi, reprit Fouché, je me fais fort de diriger l'entreprise et de la mener à bonne fin avec l'aide de M. Brune. Cependant, j'offre à MM. Gorain et Gervais le choix sur l'emploi qu'ils veulent prendre.

Les deux bourgeois se regardèrent piteusement. Les arguments de l'oratorien étaient puissants. Tous deux poussèrent un soupir.

— Je crois, continua Fouché, que ces Messieurs doivent se charger des comptes à tenir ; ce faisant, il nous rendront un énorme service que nous n'oublierons jamais.

— C'est dit, ajouta Brune. Nous, nous nous chargeons de la partie active...

— Des coups à donner ! dit Augereau.

— Et l'esprit sage de ces Messieurs, reprit Fouché, nous évitera les erreurs dans lesquelles pourrait tomber notre inexpérience. Quant à moi, je m'en rapporte entièrement à eux.

— Et nous aussi, dirent Brune et Augereau.

— Alors, puisque tout est convenu, remettons-nous en route.

Les deux bourgeois n'avaient pas pu placer un mot ; ils se regardaient encore cependant, ne sachant pas s'ils devaient se montrer fiers de l'honorable mission qui leur était confiée, ou mécontents de l'emploi, à peu près forcé, que l'on faisait de leurs écus. Mais les démonstrations de Fouché, les empressements de Brune et d'Augereau, donnèrent gain de cause à leur amour-propre, et, en s'installant les premiers sur la banquette de derrière de la berline, Gorain et Gervais se prélassèrent en personnages forts de leur suprématie.

— Ces jeunes gens sont très bien, dit Gorain à l'oreille de Gervais.

— Très-bien, très-bien, répondit Gervais. Je suis

convaincu qu'ils nous rembourseront nos dépenses sans contestation.

— Moi aussi. D'ailleurs, je suis en compte avec Bernard, et, en tout cas, je porterais l'argent avancé à son débit.

— C'est bien naturel, puisque c'est pour sa fille.

Nicolas, Jean et Augereau prirent place en face des deux bourgeois, auxquels on faisait décidément les honneurs du voyage. Brune et Fouché montèrent sur le siège.

Fouché ramassa les guides, fit claquer le fouet et les chevaux partirent.

— Maintenant, dit l'oratorien après que la voiture eut dépassé les dernières maisons du bourg il faut savoir si nous allons être suivis de nouveau.

— Sur quel point nous dirigeons-nous? demanda l'étudiant.

— Sur Dourdan.

— Mais il y a un relais de poste à Dourdan.

— Aussi tournerons-nous la ville. Nous nous dirigions sur Orléans : maintenant nous passerons par Chartres.

— Je ne vois rien derrière nous, dit Brune après s'être retourné pour explorer la route.

Fouché, tout en maintenant ses chevaux, imita le mouvement de son compagnon.

— Je ne vois rien non plus, dit-il après un moment de minutieux examen.

— Tant mieux! fit Brune avec joie.

— Tant pis! dit Fouché. Nous n'avons rien fait encore pour dépister celui qui nous suivait ; s'il ne continue pas sa manœuvre, c'est qu'il est certain de nous rejoindre dès qu'il le voudra. Défions-nous de tout. Nous courons sur un chemin semé de pièges, et le but à atteindre est loin encore. Ah! je connais les hommes qui ont intérêt à entraver la réussite de nos projets. Avant d'arriver à Saint-Nazaire, avant de retrouver la fille de Bernard, nous pouvons laisser bien des cadavres en route !

— Quoi ! dit Brune avec étonnement, la partie est-elle donc si sérieuse ?

— Croyez-vous que les duels d'Arpajon n'étaient qu'une plaisanterie ? A cette heure, et sans le secours que le hasard nous a envoyé en la personne de maître Augereau, l'un d'entre nous serait étendu dans la cour de la maison de poste.

— Mais cependant ni Nicolas, ni Jean, ni moi, ni Bernard, nous ne connaissons pas d'ennemis personnels.

— Oui ; mais en servant la cause du teinturier, vous élevez des obstacles à la réussite de projets qui devaient faire la fortune d'hommes puissants. Ne cherchez pas à comprendre, mon cher Brune. Ecoutez-moi plutôt, vous allez tout savoir.

XIV

LAURE

La berline venait de s'engager dans cette riante et spacieuse vallée à l'extrémité de laquelle s'enfouit Dourdan, au milieu d'un bouquet de feuillage. A droite s'élevaient les grands arbres de cette forêt magnifique qui, jadis, avait appartenu en propre à Hugues Capet, lors de son avènement au trône. Au loin on apercevait, dominant les constructions de la ville, les neuf tours du vieux château bâti au VI° siècle par Gondrand, roi d'Orléans et de Bourgogne. Il était deux heures : le soleil, dans toute sa force, dardait ses rayons sur la route poussiéreuse, et le tourbillon qui s'élevait derrière la berline ne permettait pas aux regards de parcourir l'espace franchi.

Dans l'intérieur de la voiture, les deux bourgeois devisaient gaiement en compagnie du maître d'armes, du soldat et du garçon teinturier. Sur le siège, Fouché et Brune paraissaient absorbés dans une causerie intime : l'un parlant, l'autre écoutant avec une attention égale.

Fouché avait repris le cours du récit interrompu, avant Arpajon, par l'accident survenu à la première voiture.

— Ainsi, dit Brune, la jeune fille repoussa énergiquement toute participation au crime dont on l'accusait.

— Oui, répondit Fouché. Laure de Morandes, mise en présence de ses frères, en face du jardinier qui la prétendait coupable, dénia l'accusation, et non seulement, elle refusa d'avouer qu'elle était la mère du malheureux enfant, mais encore elle prit le ciel à témoin de son innocence, déclarant que Noël mentait, que jamais elle n'avait méconnu son rang jusqu'à descendre à épouser un garçon jardinier. Le baron de Morandes et le chevalier de Bassat écoutaient leur sœur avec une anxiété fébrile ; ils eussent donné dix années de leur existence pour croire à la vérité des paroles prononcées par la jeune fille. Quant à Noël, il ne disait mot ; son regard ne quittait pas Laure, mais ce regard terne n'avait aucune expression. En s'entendant accuser, il n'avait fait aucun mouvement, il n'avait tenté aucune défense.

— As-tu entendu, misérable ? s'écria le chevalier de Bassat lorsque Laure eut encore une fois protesté de son innocence.

— Oui, dit le jardinier d'une voix ferme ; j'ai entendu et je n'ai rien à répondre.

— Ainsi tu avoues être l'auteur de l'horrible calomnie dont nous avons failli être dupes ?

— Je n'avoue rien, Messieurs.

— Quoi ! dit Laure avec une véhémence extrême, oses-tu bien, en ma présence, répéter les infâmes propos que tu as tenus sur moi ?

— Si ce que je dis n'est pas vrai, répondit Noël, comment expliquer la présence de ce cadavre ? Comment surtout expliquer que cet enfant, s'il n'est pas le vôtre, porte autour du cou un bijou vous ayant appartenu ?

Et il désigna le médaillon qu'avaient déjà remarqué les deux jeunes gens. Laure arracha le bijou attaché sur la poitrine du squelette.

— Ce médaillon ! s'écria-t-elle, il m'a été volé.

— Ah ! fit Noël, il faut donc maintenant m'accuser d'un vol ?...

Le baron et le chevalier demeurèrent muets et atterrés, en présence de ces deux accusations si diamétralement opposées l'une à l'autre.

S'ils désiraient ardemment croire à l'innocence de Laure, si leur cœur les portait à ajouter foi aux paroles de la jeune fille, la contenance de Noël, son impassibilité, sa froide résolution apportaient, dans leur âme, le doute le plus poignant. Comment supposer, en effet, que ce jeune homme auquel, depuis le temps qu'il était employé au château, on n'avait rien à reprocher, eût eu subitement l'insigne audace de bâtir, avec une infernale adresse, une trame aussi inouïe, aussi perfide ?

Puis, la présence de ce squelette, cette preuve matérielle du crime dont était accusée Laure, ne s'élevait-elle pas menaçante devant la jeune fille.

Mais il fallait donc alors que Mlle de Morandes fût une créature bien perverse pour ne ressentir ni honte, ni humiliation, ni remords en face de son complice, en face de son enfant tué par son ordre et en face de ses frères que le droit naturel faisait ses juges.

L'affreux embarras des deux malheureux jeunes gens augmentait d'instant en instant. Laure, en proie à la surexcitation la plus effrayante, se tordait les mains et arrachait, avec un violent désespoir, les longues mèches de sa belle chevelure qui se déroulait sur ses épaules.

Noël, plus pâle que le linceul qu'il venait d'enlever et qui gisait à côté du cadavre, Noël, le regard fixe et la poitrine oppressée, s'appuyait contre le tronc du gros arbre au pied duquel s'ouvrait la fosse béante. La lune éclairait vaguement le lugubre tableau : cette scène horrible durait depuis près d'une heure déjà. Un silence profond régnait dans le jardin, silence que troublaient seuls le sifflement rauque qui s'échappait de la poitrine de Laure et le râle sourd qui déchirait la poitrine du jardinier. Puis, au loin, à intervalles réguliers, l'oiseau de nuit laissait entendre son cri plaintif.

— Il faut pourtant que nous sachions la vérité ! s'écria le frère aîné. Il faut que nous connaissions le coupable et qu'il expie son crime.

Le chevalier poussa un rugissement de joie féroce: une pensée soudaine venait de jaillir dans son cerveau. Saisissant le corps de l'enfant, il le jeta devant la jeune fille :

— Si cet enfant n'est pas le tien, dit-il d'une voix vibrante, foule aux pieds son cadavre !

Laure recula, puis elle s'arrêta, parut prendre une résolution et fit un pas vers le corps inanimé : mais, au moment où son pied se levait, pour accomplir une horrible profanation, elle poussa un cri aigu, se renversa en arrière et elle tomba sur le sol en proie à une crise nerveuse d'une violence inexprimable.

— Rien ! nous ne saurons donc rien ! s'écria le baron de Morandes avec rage.

« Ici, continua Fouché en s'interrompant, il y a une lacune dans mon récit.

— Comment cela ? demanda Brune qui écoutait avec un intérêt manifeste.

— Je n'ai jamais su comment s'était terminée cette scène.

— Mais cependant, le lendemain ?

— Le lendemain on ne trouvait dans le jardin aucune trace de la fosse, ni rien qui pût déceler la présence du cadavre de l'enfant.

— Et Mlle de Morandes ?

— Elle épousa le surlendemain l'homme auquel elle était fiancée.

— Et Noël, le jardinier ?

— La nuit après celle où s'était accomplie la scène terrible que je viens de vous raconter en partie, la nuit qui précédait le jour du mariage, le pavillon du château, qu'habitait le jardinier, devint brusquement la proie des flammes. L'incendie s'alluma si violemment, qu'il fut impossible de porter à temps des secours, Noël avait dû être surpris dans son sommeil et devenir la première victime du feu. On ne put pénétrer dans le pavillon. Lorsque l'on fouilla les décombres, on retrouva des ossements calcinés.,. ce fut tout.

— Cet incendie n'était-il pas l'œuvre du baron et du chevalier ? dit Brune. Ne voulaient-ils pas, d'un même coup, détruire toutes les preuves du déshonneur de leur sœur et punir le malheureux jardinier ?

— Cela était probable, répondit Fouché ; du moins ce fut l'avis de tous les habitants du pays. Par une fatalité étrange, l'histoire de l'enfant, racontée par Noël aux deux frères, était devenue subitement la fable de toute la contrée. La honte de Mlle de Morandes était alors publique, et lorsqu'éclata l'incendie dans lequel Noël avait dû succomber, la clameur générale désigna, à la justice, le baron et le chevalier comme auteurs de cet attentat.

Cette accusation, que l'on chercha d'abord à étouffer par tous les moyens possibles, prit bientôt une telle force que les magistrats durent intervenir. Ordre fut donné de diriger une instruction criminelle contre le baron et le chevalier. Toutes les preuves les plus accablantes étaient amassées contre eux, et sans doute tous deux étaient coupables, car la veille du jour où le lieutenant criminel devait se transporter au château, le baron et le chevalier se tuèrent en s'appuyant sur la lame de leurs épées. Cette double mort mit fin à cette épouvantable affaire.

— Mais Mlle de Morandes ?
— Elle était devenue folle.
— Avant son mariage ?
— Non pas, après le jour même de la mort de ses frères.
— Et son mari, quel était-il ?

— Un homme fort riche, vous ai-je dit ; il se nommait M. de Saint-Gervais.

— Est-ce qu'il est mort aussi, lui ?

— Oui, mais d'une façon toute naturelle. Après la catastrophe qui avait anéanti la famille de Morandes, car la vieille mère n'avait pas longtemps survécu à ses fils, après celle à la suite de laquelle sa femme avait perdu la raison, M. de Saint-Gervais quitta Paris pour fuir le scandale provoqué par cette affaire. Puis, au bout de quelques années, il revint dans la capitale et il s'adonna à une existence de plaisirs perpétuels. Une belle nuit, mais dix ans au moins après son mariage, le financier mourut subitement d'une attaque d'apoplexie. Il n'avait aucun parent, aucun enfant, et, par contrat de mariage, il avait passé sur la tête de sa femme, tout ce qu'il possédait. La pauvre folle se trouva donc hériter d'une fortune de plusieurs millions.

— Et Mlle de Morandes, Mme de Saint-Gervais, veux-je dire, demanda Brune, vit-elle encore ?

— Oui.

— Où est-elle ?

— Près de Brest.

— Toujours folle ?

— Toujours ; depuis trente ans, la malheureuse n'a eu qu'une lueur de raison, il y a de cela six années.

— Et la justice n'a pas poursuivi cette affaire ?

— Que vouliez-vous qu'elle fît ? Noël était mort brûlé, les deux frères s'étaient tués, la jeune fille était devenue folle et Mme de Morandes avait succombé à sa douleur.

— Et cette lueur de raison dont vous parlez et qu'a

ressentie la malheureuse folle, a-t-elle été de longue durée ?

— M°¹ᵉ de Saint-Gervais a recouvré la raison durant deux mois environ.

— Et la justice n'a pas essayé, pendant ce court instant, de reprendre l'instruction ?

— Il y avait vingt-quatre ans que les catastrophes avaient eu lieu : tout était oublié.

— De sorte que cette horrible affaire n'a jamais été complètement éclairée ?

— Jamais, répondit Fouché ; la justice ne parvint point à en savoir aussi long même que je viens de vous en raconter. Moi seul, peut-être, après les héros de cette lugubre aventure, connais aujourd'hui une partie de la vérité.

— Comment l'avez-vous apprise ? demanda vivement Brune.

— Vous allez le savoir, dit Fouché en modérant l'allure de ses chevaux et en se baissant sur son siège pour interroger la route avec une attention extrême.

La voiture ne marchait plus que lentement ; Fouché, l'œil tendu, fouillait du regard la poussière du chemin.

— Qu'avez-vous donc ? demanda l'étudiant surpris de cette pantomime expressive.

— Attendez ! dit Fouché en passant dans les mains de son compagnon les guides qu'il maintenait courtes, continuez au pas.

Fouché descendit du siège et sauta sur la route. Devançant la berline, il se baissa vers le sol, tout en marchant, et il examina avec une attention plus scrupuleuse encore. Puis, soit qu'il se fût trompé, soit au contraire qu'il eût rencontré les indications mystérieuses qu'il cherchait, il revint vers la berline, remonta sur le siège, reprit les rênes des mains de Brune, et fouettant vigoureusement les chevaux, il leur fit reprendre l'allure qu'il leur avait donnée depuis le départ de Boutervilliers.

— Que cherchiez-vous donc? demanda Brune.

— Rien, répondit Fouché d'un air préoccupé.

— Vous me demandiez, reprit l'oratorien après un moment de silence, comment j'avais appris une partie de la vérité qui me reste à vous révéler? je vais vous le dire :

Il y a seize ans, j'étais à Nantes alors, et je m'occupais assez sérieusement des études de droit. Je travaillais contre la volonté de mon père, lequel, en sa qualité d'armateur, voulait à toutes forces faire de son fils un marin, et j'avoue que je ne me sentais aucun goût pour les voyages de long cours. Aimant l'étude, je m'y adonnai donc avec passion, et bien que je ne me destinasse pas au barreau, je m'occupai de droit. Mes efforts eurent un certain retentissement dans ma ville natale.

Plusieurs personnes étant venues me consulter à propos de différentes affaires, et le hasard m'ayant merveilleusement servi dans les conseils que je leur donnai, on en conclut que j'étais un docteur émérite. Je refusai les honoraires qu'on voulait à toutes forces me faire accepter, et mon désintéressement augmenta d'autant ma réputation.

Bref, durant près d'une année, je me vis assailli par une foule de solliciteurs, et si j'eusse voulu faire concurrence aux gens d'affaires de Nantes, nul doute que je ne fusse parvenu à une brillante position. Mais là n'était pas mon ambition, et pour mettre un terme à cette affluence de plaideurs qui assiégeaient ma maison, je pris le parti de fermer hermétiquement ma porte. Résolu à ne pas me départir de ma détermination, je me montrai inflexible pour quiconque prétendait troubler ma solitude.

Un soir, cependant, que j'étais seul dans ma chambre, on frappa si discrètement à ma porte que, bien que la façon de s'annoncer, convenue entre moi et mes amis, n'eût pas été exécutée, je vins ouvrir moi-même. Un homme, à demi dissimulé dans l'ombre du couloir, était debout sur le seuil. Sur mon invitation, il entra chez moi, me salua profondément et il attendit que je lui adressasse la parole. Un peu surpris de cette visite inattendue, j'examinai avec attention mon visiteur. C'était un fort beau vieillard de haute mine et de très grand air, au port développé, au regard intelligent, au sourire triste et doux.

— Monsieur, lui dis-je en voyant qu'il gardait obstinément le silence, puis-je vous demander qui j'ai l'honneur de recevoir ?

— Vous êtes bien monsieur Joseph Fouché ? me dit-il en me regardant fixement et sans répondre à ma question.

— Oui, Monsieur, dis-je.

— Je suis, moi, reprit-il, le marquis Gaston d'Horbigny.

Ce nom m'était parfaitement connu ; c'était celui d'un gentilhomme avec lequel mon père avait été jadis et était encore en relation, je ne sais plus pour quelle affaire aux colonies. Je savais aussi que le marquis, mon visiteur, était extrêmement riche, et qu'en dépit des soixante-quatorze ans qu'il avait alors, il venait d'épouser une jeune fille de vingt et un ans. Quand il se fut nommé, je crus à une erreur de sa part.

— C'est sans doute à mon père, monsieur le marquis, que vous désirez parler ? lui dis-je.

Il fit un signe de tête négatif.

— C'est à vous, reprit-il, que j'ai affaire.

Je refermai ma porte et j'offris un siège au marquis avec tout l'empressement que méritaient son âge et son caractère honorable, que je connaissais fort bien.

— Monsieur, reprit-il après une légère hésitation, la demande que je vais vous adresser va vous paraître bizarre, étrange, peu réfléchie peut-être. La façon dont j'agirai ensuite vous paraîtra très certainement plus incroyable encore, car moi, qui vous connais à peine, moi, que vous ne connaissez pas, je viens, en même temps, solliciter de vous un grand service et vous donner la preuve d'une confiance bien singulière.

J'écoutai, sans répondre à cette ouverture mystérieuse.

— Votre père, continua-t-il, connaît ma fortune, dont la plus grande partie établie aux colonies vient d'être réalisée par ses soins. J'ai pour lui l'estime qu'il mérite, et je me serais adressé à lui, je ne vous le cache pas, de préférence à vous, si le service que j'ai à demander ne concernait surtout l'avenir. Votre père a soixante ans passés, sa santé est mauvaise, et il se peut très bien qu'il ne me survive que de quelques années, s'il me survit même, tandis que vous, qui n'avez pas encore vingt ans, vous avez devant vous de longues années d'espérance. Vous êtes bien jeune encore, trop jeune peut-être, il est possible ; mais d'après ce que j'ai ouï dire, votre jugement, qui s'est mûri de bonne heure, et la connaissance que vous avez témoignée des affaires de droit ces temps derniers, me sont garants que la démarche que je fais ne sera pas vaine.

Je fis signe au marquis que j'étais disposé à l'entendre.

— Donnez-moi d'abord, me dit-il, votre parole d'honneur ! engagez-vous, sur votre foi d'honnête homme, à garder jusqu'à l'heure de ma mort, à moins que je ne vous relève moi-même de ce serment, le secret le plus absolu sur ma visite de ce soir et sur le but de cette visite.

Je réfléchis un instant ; mais comme le serment que demandait le marquis n'engageait nullement ma conscience en dehors des limites qu'elle ne pouvait franchir :

— Sur ma parole d'honneur, sur ma foi d'honnête homme, lui dis-je, je fais serment de garder le secret que vous exigez.

Le marquis me prit la main et il me la serra cordialement en signe d'affectueux remerciment. Tirant de sa poche un papier plié en forme de lettre et cacheté à ses armes, il me le déposa précieusement entre les mains.

— Gardez ce papier, dit-il, qu'il ne vous quitte jamais ; soustrayez-le à tous les regards, et n'en prenez connaissance qu'après ma mort. Lorsque je ne serai plus de ce monde, brisez ces cachets, lisez ce que contient cet écrit, et agissez alors suivant votre conscience.

Je tenais la lettre et je regardais le marquis avec un étonnement croissant.

— C'est là tout le service que j'ai à solliciter de vous ! dit-il en se levant.

— Quoi ! fis-je sans revenir encore de ma surprise ; vous n'avez pas autre chose à me communiquer ?

— Rien autre chose.

— Et il faut que je garde ce papier !

— Jusqu'à ma mort.

— Mais, dis-je encore après un moment de réflexion, la mission que vous me confiez, car il est évident que cet écrit renferme une mission à accomplir après votre mort, pourrai-je donc la remplir ?

— Je l'espère, répondit le marquis.

Je continuai à regarder mon vénérable interlocuteur avec une expression, dénotant combien j'étais peu convaincu de la réalité de la proposition extraordinaire qui venait de m'être faite. Il s'aperçut parfaitement de ce qui se passait en moi.

— Il faut que vous vous contentiez de mes paroles, me dit-il d'une voix douce ; je ne puis m'expliquer davantage, car il y a, dans le secret que je vous confie, un autre secret qui n'est pas le mien, et celui-là je ne suis pas maître de le révéler.

— Mais pourquoi vous être adressé à moi ? dis-je en cherchant à deviner la cause de ce mystère.

— Je vous l'ai dit, répondit-il ; vous êtes jeune, et c'est là une raison puissante, car il s'agit, ici, de l'avenir ; vous êtes le fils d'un honnête homme, et j'espère que vous aurez hérité de ses vertus ; enfin vous êtes intelligent, adroit, très rusé et fort instruit en matière de droit.

— D'autres ont toutes ces qualités, répliquai-je.

— D'autres les ont également, c'est possible ; mais ceux-là, il faudrait que je les cherchasse, et je ne les connais pas. D'ailleurs le temps me presse. A mon âge sait-on jamais si le jour présent aura un lendemain ?

Puis, comme je retournais toujours le papier entre mes doigts, hésitant à en accepter le dépôt, M. d'Horbigny me saisit les deux mains et, s'inclinant devant moi tandis que deux larmes brillaient dans ses yeux :

— Mon enfant, reprit-il d'une voix très émue, un vieillard vous conjure de ne pas repousser la prière qu'il adresse à vos jeunes années. Le passé demande aide à l'avenir !... Refuserez-vous ?

Je n'aime pas la sensiblerie, continua Fouché d'une voix sèche ; quoique jeune encore, je n'ai pour les hommes qu'une estime fort médiocre, et j'ajoute peu de foi à leurs paroles et à leurs émotions ; mais ce vieillard, qui s'inclinait devant moi, avait quelque chose de si réellement noble, sa parole était empreinte d'une telle onction, son geste était si touchant et si persuasif...

— Que vous avez accepté ? interrompit brusquement Brune.

— Effectivement, j'acceptai, répondit Fouché.

— Pardieu ! s'écria l'étudiant, je le crois bien ; j'eusse accepté dix fois pour une, moi. Et le marquis, que vous dit-il ?

— Il me remercia en peu de mots et il sortit.

— Et quand l'avez-vous revu ?

— Je ne l'ai jamais revu depuis cette époque.

— Il est donc mort ?

— Oui. Il est mort deux ans après ce soir où j'avais reçu sa visite ; c'est-à-dire il y a maintenant près de quatre années accomplies.

— Et, reprit Brune après un moment de silence consacré aux réflexions que faisait naître dans son ardente imagination le récit étrange que lui faisait Fouché, et, durant ces deux années qui se sont écoulées entre votre conversation avec le marquis d'Horbigny et l'époque de sa mort, vous ne l'avez jamais revu, jamais rencontré ?

— Jamais, répondit l'oratorien.

— Vous n'avez donc pas cherché à avoir une explication ?

— Si fait, mais chaque fois que j'essayai de parvenir jusqu'au vieux marquis, je trouvai, entre lui et moi, des barrières infranchissables. Enfin, quelques mois après notre entrevue, il avait quitté Nantes et il n'y revint que peu de temps avant sa mort.

— Hum ! fit Brune avec une légère grimace. Je vous avoue qu'il ne m'intéresse que médiocrement, votre marquis d'Horbigny. Un vieillard de soixante-quatorze ans qui épouse une jeune fille de vingt et un ans, est un vieux fou coupable d'appeler le ridicule sur des cheveux blancs ou un détestable égoïste sacrifiant tout à une passion qui, à cet âge, n'est plus que honteuse.

— En thèse générale, vous auriez raison, répondit froidement Fouché, mais dans le cas en question, vous avez tort. Le marquis n'était ni un sot ridicule, ni un méprisable débauché. C'était un homme supérieur, d'une intelligence peu commune, portant fièrement son beau nom et incapable d'une bassesse ou d'une action ridicule.

— Cependant son mariage...
— Avait été forcé.
— Ah bah ! mais c'est plus plaisant encore !
— Non ! c'est triste, voilà tout.
— Comment ?
— Mille bruits divers avaient couru à Nantes à l'époque de cette union d'une disproportion si extravagante. Les uns riaient et blâmaient comme vous ; c'étaient ceux qui ne connaissaient pas M. d'Horbigny. Les autres, ceux qui, comme mon père, avaient été à même d'apprécier ses belles qualités, secouaient la tête et ne répondaient pas aux mauvais plaisants. Ils avaient remarqué que durant l'époque qui avait précédé son mariage, le vieux marquis paraissait assombri, soucieux, courbant sa belle tête ordinairement si droite, comme s'il n'eût pu supporter le poids des pensées qui alourdissaient son cerveau.

L'union accomplie, cette tristesse apparente augmenta chaque jour, loin de décroître. Or, un vieillard qui épouse une jeune fille, peut devenir soucieux après le mariage, mais avant, il est toujours gai, joyeux et désireux de se montrer plus jeune et plus alerte.

— C'est vrai, dit Brune en souriant. On concluait donc que le marquis avait été contraint dans sa volonté, en épousant sa jeune femme ?
— Oui.
— Mais quelle cause donnait-on à cette contrainte ?

— On s'évertuait à chercher et on ne trouvait pas.
— De sorte que l'on n'a rien su ?
— Officiellement non, mais des propos scandaleux tenus sur la conduite de la jeune marquise et appuyés sur des remarques sérieusement faites, expliquèrent bientôt la tristesse sombre de son époux.
— Elle le trompait ?
— Du moins, l'affirmait-on.
— Mais pourquoi l'avait-il épousée? J'en reviens là, moi ! dit Brune en hochant la tête.
— On ne l'a jamais su positivement, je vous le répète, mais on prétendait que la cause qui avait déterminé cette union avait dû être bien douloureuse pour le vieux gentilhomme, car son valet de chambre avait dit, indiscrètement, que la veille du mariage, il avait surpris son maître les yeux gonflés de larmes et en proie à un accès de profond désespoir. Le valet ajoutait même qu'il croyait que M. d'Horbigny avait eu un moment l'intention de se tuer, qu'il avait cru remarquer les plus sinistres préparatifs, mais qu'à la suite d'une lettre qu'un homme inconnu avait apporté à l'hôtel, le vieux seigneur avait changé de résolution. Ce fut le lendemain qu'il se maria.
— Et sa femme était jolie ?
— Charmante.
— Et il a eu des enfants ?
— Une petite fille.
Un sourire railleur éclaira la physionomie expressive de l'étudiant.
— Enfin ! dit-il, vous connaissez l'axiome de droit : *ille pater est...*

Fouché haussa les épaules :

— Vous n'avez jamais connu le marquis d'Horbigny ! dit-il. Sans quoi vous ne parleriez pas ainsi.

— Enfin, monsieur Fouché, depuis votre mystérieux entretien avec lui, je vous le demande encore, vous ne l'avez jamais revu ?

— Jamais. Seulement tous les mois à la même date, anniversaire du jour où j'avais reçu le dépôt précieux, je recevais une lettre qui contenait simplement la formule du serment que j'avais prêté. J'avais compté déjà vingt-trois lettres. Le vingt-quatrième mois, je ne reçus rien, mais j'appris que le marquis était mort et que sa jeune femme demeurait à Nantes avec sa petite fille âgée seulement de quelques mois.

— Alors, vous avez ouvert la lettre qu'il vous avait confiée ? demanda Brune avec un intérêt croissant.

Fouché ne répondit pas. La berline venait d'atteindre un endroit de la route où se trouvait un carrefour. Un bouquet de bois se dressait à droite, tandis qu'à gauche, de vastes prairies s'étendaient à perte de vue. Fouché remit encore les rênes à Brune et, ainsi qu'il avait fait une fois déjà, il s'élança à terre.

Ce fut, avec la même minutieuse attention, qu'il inspecta la route, cherchant évidemment à démêler, dans la poussière du chemin, des traces ou des indications auxquelles il devait attacher une grande importance.

Les voyageurs de l'intérieur dormaient profondément. Les fatigues de la nuit précédente et les émotions des accidents du matin, expliquaient suffisamment ce sommeil réparateur. Seuls, Fouché et Brune ne dormaient pas.

L'étudiant regardait l'oratorien, s'efforçant, mais en vain, de comprendre la manœuvre singulière à laquelle il se livrait. Fouché, après avoir fait signe à Brune de maintenir la voiture immobile, avait examiné attentivement le sol des quatre routes qui se croisaient à l'endroit où stationnait la berline. Puis, revenant près des chevaux dont les naseaux fumants et le poil humide attestaient la fatigue, il prit dans la poche de son habit, un carton plié en forme de livre et il l'ouvrit dans toute sa grandeur. C'était une carte routière de la province. Fouché promena son doigt sur les lignes tracées, et réfléchissant un peu :

— Cette route, murmura-t-il en désignant celle de droite, conduit à Saint-Mesme ; celle de gauche, mène à Richarville et celle, qui nous fait face, aboutit à Corbreuse. C'est là notre plus court, mais c'est là aussi évidemment qu'est le danger. Faut-il la suivre ? faut-il faire un détour ? Fouché replia sa carte et la remit dans sa poche.

— Continuer vers Corbreuse serait évidemment plus adroit, reprit-il.

Puis s'approchant des chevaux, il les examina tous deux.

— Bah ! fit-il ensuite. Ils n'ont fait encore que trois lieues, ils sont vigoureux. En les forçant un peu, ils en feront bien huit avant la nuit, et de cette façon nous éviterons...

— Eh bien ? demanda Brune en voyant Fouché faire un mouvement indiquant une pensée subite qui jaillissait dans sa tête. Sommes-nous donc égarés ?

— Non ! non ! nous allons continuer et gagner Corbreuse ! répondit l'oratorien en reprenant sa place.

La voiture se remit en marche. Le pays était absolument désert et la chaleur excessive.

— Vous disiez donc, reprit Brune avec une impatience décelant l'intérêt que lui avait inspiré le récit de Fouché, que le marquis d'Horbigny mort, vous aviez ouvert la lettre mystérieuse ?

— Oui, répondit Fouché, et voici ce qu'elle contenait.

— Mais, dit Fouché en changeant de ton, il faut, avant que je continue, et pour éviter toute confusion dans votre esprit, que je vous dise, en peu de mots, quelle était la situation de la marquise d'Horbigny.

Et l'oratorien, entrant aussitôt dans de minutieux détails, expliqua comme quoi le marquis, par un testament bizarre, avait laissé, en usufruit à sa veuve, plus jeune que lui de plus de cinquante ans, ses deux cent mille livres de revenu : usufruit dont la jouissance devait expirer alors que Berthe, la fille de la marquise, aurait atteint ses quinze ans accomplis. La marquise d'Horbigny ne devait plus avoir, à cette époque, que vingt mille livres de rente. De plus, si Berthe venait à mourir avant d'être arrivée à l'âge fixé, la fortune entière passait sur la tête de la fille aînée du frère du marquis, le comte d'Adore.

— On se perdait en conjectures, continua Fouché, sur les raisons qui avaient dicté ces dispositions extraordinaires et placé la veuve dans une situation toujours inquiétante. Il y avait surtout, dans le dernier article, quelque chose qui semblait établir une pénible défiance à l'égard de la jeune mère. Enfin, comme toute la fortune provenait du marquis, il avait le droit d'en disposer à sa volonté et le testament n'était nullement attaquable. A cette époque, tout ce que je vous ai raconté de l'histoire de Mlle de Morandes m'était absolument inconnu. J'ignorais même qu'il existât en France une famille de ce nom. Le jour où j'appris la mort de M. d'Horbigny, je n'étais pas à Nantes; j'étais en voyage et je venais d'arriver à Quimper. La lettre d'un ami qui m'annonçait cette nouvelle, me parlait en même temps des dispositions singulières du testament. Suivant la recommandation du vieux marquis, son précieux dépôt ne m'avait point quitté un seul instant. J'avais juré de ne pas m'en séparer et j'avais tenu ma promesse. Ce ne fut pas sans une certaine émotion que je saisis le papier et que je portai la main sur les larges cachets qui scellaient l'enveloppe. La curiosité se mélangeait en moi à un autre sentiment que je ne pouvais analyser. Bref, je rompis les cachets et j'ouvris la feuille couverte d'écriture.

— Que contenait-elle? demanda Brune avec anxiété.

Fouché prit un portefeuille dans la poche de son habit, l'ouvrit et en tira un papier jauni par le temps.

— Voici cette lettre signée du marquis d'Horbigy et écrite tout entière de sa main, dit-il. Elle ne m'a pas encore quitté, car je n'ai pas encore accompli la mission qu'elle indique. Lisez vous-même.

Brune prit la missive d'une main que l'émotion rendait tremblante et lut à haute voix:

« Moi, Jules-Olivier-Gaston Déroin, marquis d'Horbihny, âgé de septante et quatre ans, mais fort bien portant de corps et parfaitement sain d'esprit, ai remis à M. Joseph Fouché, fils du sieur Fouché, armateur à

Nantes, le présent écrit, afin qu'il en fasse usage en temps et lieu, si besoin est. Cet écrit, dont la dernière partie est tracée en forme de dispositions testamentaires, anéantirait de droit toutes les précédentes dispositions prises par moi, par la raison que, leur étant postérieur, il est l'expression suprême de mes dernières volontés.

« Je laisse au sieur Joseph Fouché, que j'institue l'exécuteur de ces volontés dernières, la faculté de décider lui-même et d'après sa propre intelligence, s'il y a opportunité ou non à agir. Voici dans tous les cas ce qu'il doit faire immédiatement, dès l'instant où il aura reçu la nouvelle de ma mort.

« M. Joseph Fouché se rendra à Gouesnou, petite ville située au-dessus de Brest sur la route de Saint-Pôl. Là, il s'informera de la demeure du docteur Harmand. Ce médecin, dont la spécialité est de traiter les cas de folie, possède un petit établissement où il recueille les malheureux privés de la raison.

« Fouché demandera au docteur à voir une femme malade, enfermée chez lui depuis plus de vingt ans et que l'on ne connaît que sous le nom de Laure. Si cette femme est toujours folle, si sa folie est réellement incurable, Fouché cessera sur-le-champ toute démarche. Il brûlera ce papier et une donation de cinq cents louis, que je joins à cet écrit, le dédommagera de son voyage inutile et du temps perdu qu'il y aura consacré. Si au contraire cette femme est guérie ou est en voie de guérison, il lui dira qu'il vient la trouver en mon nom et lui fera voir le signe que je trace au bas de ce papier. Dès lors, elle n'aura aucun secret pour lui et ce qu'elle lui dira, dictera la conduite à suivre.

« Dans le cas de guérison complète, mais dans ce cas seulement, j'annule toutes les dispositions prises antérieurement par moi et je lègue toute ma fortune à Mlle Laure de Morandes. »

— Laure de Morandes ! répéta Brune en regardant Fouché. Celle dont vous venez de me raconter la tragique histoire.

— Elle-même, répondit l'oratorien.

— Etait-ce donc elle qui était folle ?

— Oui.

— Et vous l'avez vue ?

— Aussitôt après avoir pris connaissance de cet écrit, je quittai Quimper, je gagnai Brest, et je me rendis à Gouesnou. Je trouvai facilement la demeure du médecin et je me présentai à lui.

Je ne vous raconterai pas en détail, continua Fouché, ma première entrevue avec la folle. Je me bornerai à vous dire que la pauvre femme, grâce aux soins du bon docteur, en était arrivée à posséder de loin en loin des lueurs de raison et que la guérison même, sans être complète, était cependant en bonne voie.

Le médecin désirait une crise qu'il espérait être salutaire. Il pensa que ma présence et ce que je pourrais dire à la malade amèneraient cette crise et il ne se trompa pas. La vue surtout du signe mystérieux, tracé par le marquis, causa une émotion extrême à la malheureuse femme, et cette émotion, loin de lui être fatale, amena, avec des larmes abondantes, un état de calme dont le docteur tira le meilleur augure.

Je demeurai trois semaines à Gouesnou. Durant ces

trois semaines, Mme de Morandes, car c'était elle auprès de laquelle je me trouvais, n'eut plus que quelques crises qui, une fois passées, laissaient, dans l'état de la malade, un mieux sensible.

Ce fut pendant ce temps que le docteur, parfaitement au courant de la triste histoire de sa pensionnaire, me la confia dans tous ses détails, me recommandant de ne jamais faire, en sa présence, aucune allusion au passé.

— Une crise provoquée de cette façon, me dit-il, serait terrible et entraînerait une rechute dont la guérison serait probablement impossible.

Seulement Laure avait-elle été la complice de Noël ou était-elle la victime d'une machination horrible ?

Voilà ce que le docteur n'avait jamais pu apprendre et ce que Laure qui, au commencement de sa folie, parlait sans cesse de la scène du jardin, n'avait pas pu, elle-même, éclaircir.

Les souvenirs de la folle paraissaient s'arrêter là où j'ai moi-même arrêté mon récit d'après celui du docteur.

Le médecin ajouta à ces explications que, sept ou huit années plus tôt, il avait cru déjà Laure parfaitement guérie. La raison lui était revenue. Elle avait écrit à cette époque plusieurs lettres, elle avait entretenu, durant un mois, une active correspondance, puis un homme âgé était venu la voir. Cet homme était demeuré quelques jours près d'elle et il avait déclaré qu'il voulait l'emmener avec lui, mais au moment du départ, Laure, sans cause apparente, avait été frappée tout à coup d'un subit accès et sa raison s'était de nouveau égarée.

Le visiteur, qu'au portrait que m'en fit le docteur, je devinai être le marquis d'Horbigny, était reparti paraissant en proie à une désolation profonde.

Depuis ce temps, jusqu'à celui de mon arrivée à Gouesnou, personne n'était venu voir la malade. Sa pension était régulièrement et largement payée au médecin chaque année par une main inconnue. Tantôt c'était un paysan, tantôt un valet, tantôt un moine qui apportait à Gouesnou une bourse remplie d'or, et le docteur n'avait jamais pu obtenir le moindre renseignement d'aucun des porteurs.

J'écoutais le docteur avec une attention profonde, ne pouvant éclaircir moi-même les points obscurs qui existaient dans ses différents récits et me demandant, en vain, quel devait être le rôle que le marquis d'Horbigny m'avait destiné dans cette bizarre aventure.

Enfin, au bout de six semaines, le médecin, après avoir examiné scrupuleusement l'état de la malade, me déclara qu'il la croyait entièrement guérie.

Mlle de Morandes, avec laquelle je causais chaque jour, et qui chaque fois me demandait à relire la lettre du marquis, accueillit la déclaration du médecin en personne ayant une parfaite conscience de ce qu'elle entendait.

— Eh bien ! monsieur Fouché, me dit-elle d'une voix douce, puisque je n'ai plus besoin des soins du bon docteur, il faut partir. Voulez-vous commander une voiture et des chevaux ? Demain nous serons à Brest.

Je m'empressai d'obéir, et nous nous mîmes presque aussitôt en route. Mlle de Morandes avait, avec moi, les manières les plus affectueuses et les plus douces.

— Je dois reconnaître, me dit-elle, la confiance absolue que M. d'Horbigny avait en vous, en vous faisant dépositaire de tous mes secrets. D'ailleurs j'aurai besoin de vous sans doute pour faire exécuter les dernières volontés du marquis, et rentrer en possession de la fortune, non pas qu'il me lègue, mais qu'il me restitue.

— Quoi ! lui dis-je, cette fortune était à vous ?

— Oui, répondit-elle. Je n'avais fait que la confier au marquis d'Horbigny.

— Mais cependant il en a disposé comme étant la sienne.

— Parce qu'il pouvait douter que je revinsse à la raison.

— Mais sa fille...

— Sa fille ! s'écria Mlle de Morandes. Il n'en a pas.

— Quoi ! cet enfant...

— N'est pas le sien ! Il ne l'ignorait pas.

— Eh bien ! après ? fit Brune en voyant Fouché s'arrêter encore.

— Ce clocher dont j'aperçois l'extrémité au-dessus des arbres, répondit l'oratorien, doit être celui de Corbreuse. Ici nous devons redoubler d'attention !

Brune s'était retourné et il interrogeait la route parcourue.

— Depuis Boutervilliers, dit-il, on ne nous a plus suivis.

— Non, répondit Fouché ; mais on nous a précédés.

— Comment ? fit Brune avec étonnement. La route a toujours été déserte devant nous.

On arrivait à une montée assez rude. Fouché, sans

répondre à l'étudiant, arrêta les chevaux et mit pied à terre. Brune l'imita.

— Pouvons-nous descendre ? demanda Augereau en ouvrant la portière, car les voyageurs venaient enfin de s'éveiller.

— Oui, répondit Fouché. Montez la côte à pied si bon vous semble.

Les voyageurs sautèrent sur la route. Fouché pria Jean de veiller sur les chevaux, puis, entraînant Brune, il devança la voiture.

— Voyez, dit-il en indiquant du bout du manche du fouet, qu'il avait gardé à la main, des traces visibles sur la poussière du chemin, voyez ces pas ; ce sont ceux d'un cheval lancé au trot, et ce trot est régulier, toujours le même. L'allure ne change pas. Ces traces sont fraîches, et, depuis Boutervilliers, elles précèdent notre voiture. Le cheval, qui a laissé sur la route l'empreinte de ses sabots, est une bête de race : le pas est petit et ferme, quoique léger. Il est monté par un cavalier habile, car il n'a fait aucune faute. Ce cavalier n'était pas un promeneur ; les traces sont trop régulières. Le cheval ne traînait aucune voiture, sans quoi nous verrions le sillon des roues, et la route est nette. A chaque bouquet d'arbres, le cheval s'est arrêté. Sans doute le cavalier s'est caché pour épier : les piétinements l'attestent. Tenez ! voici des arbres, regardez !

— Quoi ! s'écria Brune réellement stupéfait des sagaces observations de son interlocuteur ; vous avez remarqué tous ces indices depuis Boutervilliers?

— Sans doute.

— Je m'incline devant votre science, Monsieur.

— Celui qui nous suivait nous a donc précédés, continua Fouché. Pour moi, je ne doute pas. Seulement, cette fois, il a usé de ruse, et, sans mes remarques, nous n'eussions certes pu deviner sa présence.

— Mais que concluez-vous ?

— Que nous ne trouverons pas d'abord de chevaux disponibles à Corbreuse.

— Vous croyez ?

— Cela est évident.

— Et ensuite ?

— Ensuite, nous rencontrerons obstacles sur obstacles, car après avoir dépassé Corbreuse, nous avons à traverser les bois d'Ossonville, et, d'après les renseignements que j'ai pu prendre, les chemins y sont horribles. Deux chevaux fatigués comme le sont les nôtres n'en sortiraient pas.

— Mais alors, qu'allons-nous faire ?

— Une chose bien simple et bien facile. Nous sommes encore à une lieue de Corbreuse et à deux et demie de Dourdan. Nous voici en haut de la côte : la route de droite conduit à Corbreuse, et vous voyez que les empreintes du même cheval courent de ce côté. Celui qui nous précède, ne supposant pas que nous ayons pu deviner ses intentions, a gagné le village sans s'arrêter. D'ailleurs il lui faut le temps de faire rafle de tous les chevaux disponibles. Au lieu de continuer notre route, nous allons tourner à gauche. A la première auberge isolée, nous ferons donner double ration aux chevaux, et, quitte à crever les bêtes, nous reviendrons au galop sur Dourdan. Là, personne ne nous attend. Il y a un relais de poste, nous prenons des chevaux frais, et, par la Forêt-le-Roi et les bois de Plessis, nous regagnons la route de Tours. Pour dépister les curieux, avant de rentrer dans Dourdan, nous laisserons nos compagnons au commencement de la vallée. Jean et Nicolas veilleront, avec le maître d'armes, sur les deux bourgeois, et, moi sur le siège, vous dans la voiture, nous atteindrons la poste. Nous ferons mettre quatre chevaux à la berline, et en payant triples guides aux postillons, nous serons de l'autre côté des bois de Plessis avant que notre espion ait pu parvenir à regagner nos traces. Alors il ne s'agit plus que de les croiser, puisque nous avons l'avance, et dussions-nous simuler un accident, abandonner notre voiture sur la grand'route et faire quelques lieues à pied à travers champs pour mieux dépister nos ennemis, nous y parviendrons, je vous le jure. Croyez-vous en moi ?

— Commandez, répondit simplement l'étudiant, nous obéirons sans mot dire.

Fouché fit un signe de satisfaction. Quelques instants après, suivant l'itinéraire tracé par l'oratorien, la berline roulait vers une auberge isolée située sur la route opposée à celle conduisant à Corbreuse.

— Ecoutez-moi sans m'interrompre, reprit Fouché en s'adressant rapidement à Brune. Avant que nous atteignions l'auberge, il faut que vous sachiez tout ce que j'ai à vous apprendre.

Mlle de Morandes jouissait, je vous l'ai dit, de toute la plénitude de ses facultés, mais jamais un mot ne sortait de sa bouche, faisant allusion à son passé. J'étais impatient de savoir ce que l'on voulait de moi, et après une conversation confidentielle de ma part et relative à la visite que j'avais reçue jadis, je la priai de me parler franchement.

— A Brest, me dit-elle, je vous mettrai en relation avec un homme qui vous dira tout.

Nous atteignîmes Brest rapidement, et sur l'indication précise de Mlle de Morandes, nous nous arrêtâmes dans un faubourg, devant une petite maison de pauvre apparence. Un vieillard nous reçut, et quand il vit Mlle de Morandes, quand il l'entendit parler avec toute l'apparence d'une raison solidement rétablie, il laissa éclater une joie qui tenait du délire.

Le soir, cet homme qui se nommait Urbain, eut une longue conférence avec Mlle de Morandes, conférence dont je ne fus pas témoin, mais à la suite de laquelle il vint me trouver dans la petite chambre que l'on m'avait offerte. Sans préambule, Urbain se mit à me raconter tout ce que m'avait dit déjà le médecin, mais comme le docteur, il ignorait si Laure avait été coupable ou victime.

N'insistant pas sur ce point délicat, il passa immédiatement à une confidence tout aussi émouvante et à laquelle j'étais loin de m'attendre. Il m'apprit que ce Noël, le jardinier du château de Morandes, était le propre fils du marquis d'Horbigny.

Ce fils du marquis avait montré, dès son enfance, les instincts les plus pervers et les plus effrayants. Le marquis avait tout tenté pour le corriger sans pouvoir y parvenir. Enfin, redoutant la honte pour le nom qu'il portait, l'orgueil du sang avait étouffé en lui tout sentiment d'amour paternel.

Un jour, M. d'Horbigny avait surpris son fils, âgé au

plus de treize ans, forçant la caisse de son intendant et volant avec l'effronterie du dernier des misérables. Furieux, le père avait levé sa canne sur le fils coupable mais celui-ci avait osé saisir une arme et menacer de rendre coup pour coup.

Cette scène mit le comble à la patience du père. Le marquis n'hésita plus à accomplir un projet qu'il avait déjà médité. Il emmena son fils sous le prétexte de faire un voyage avec lui, mais il revint seul et déclara, devant ses gens, que l'enfant était mort en chemin,

— Il l'avait abandonné? demanda Brune.

— Oui, répondit Fouché. Il l'avait conduit en Espagne et l'avait placé dans un couvent, payant sa dot afin qu'il n'en sortît jamais.

Cependant, l'année suivante, l'enfant parvenait à s'échapper et rentrait en France, mais privé d'argent, n'ayant aucun moyen de justifier ses prétentions à une naissance honorable, peu désireux sans doute de réveiller l'attention paternelle, il traîna, dans les provinces, une misérable existence. Comment vécut-il jusqu'au jour fatal où il était entré au château de Morandes en qualité d'aide-jardinier? Personne que lui ne l'a su. Bref, le marquis, en apprenant la catastrophe que vous connaissez, avait appris également par des témoignages certains, que Noël était son fils.

M. d'Horbigny était proche parent de la famille de Morandes. C'était à lui que revenait la tutelle de la folle et il dut accepter cette mission. La douleur qu'il ressentit d'avoir une part involontaire à l'événement désolant qui avait anéanti toute une honorable famille, fit qu'il voulut, pendant de longues années, se consacrer à la guérison de la veuve du riche financier.

Mlle de Morandes, devenue Mme de Saint-Gervais, avait hérité de son mari, vous le savez, d'une fortune fort belle. Le marquis géra d'abord cette fortune. Il n'était pas riche et il entendait dire souvent, autour de lui, que les revenus de la folle étaient arrivés à point pour combler ses caisses vides. Bientôt la calomnie se joignit à des propos d'abord insignifiants. Le marquis quitta la province et vint habiter la Bretagne. Près d'un tiers de la fortune de Mme de Saint-Gervais était placé aux colonies. Ce fut à l'occasion de sa gestion, que le marquis avait été mis en relation avec mon père. Longtemps la malheureuse femme demeura dans la même situation. Le marquis l'avait fait conduire à Gouesnou, espérant une cure de la science renommée du docteur Harmant. Pour faciliter au médecin l'efficacité des soins qu'il devait donner, il avait fallu lui révéler la cause première de la folie, mais on lui avait caché soigneusement le nom de la famille de sa malade.

De longues années s'écoulèrent, puis un jour le marquis reçut une lettre de Laure. Ce fut durant les quelques instants de lucidité dont je vous ai parlé, qu'elle avait écrit au marquis. Celui-ci, joyeux de cette guérison inattendue, partit aussitôt pour aller auprès de la pauvre femme. Ce fut encore durant l'entrevue qu'ils eurent entre eux, que Mme de Saint-Gervais, prévoyant peut-être une rechute prochaine, voulut faire une donation de tous ses biens au marquis, à la condition que cette donation serait anéantie le jour où elle se croirait complètement guérie et où elle voudrait faire usage de sa fortune. C'était une sorte de fidéi-commis que le marquis accepta.

Le lendemain du jour où l'acte avait été signé, Mme de Saint-Gervais que l'on avait laissé, le soir, fort calme dans sa chambre, fut prise pendant la nuit d'une crise effrayante. Comment cette crise était-elle arrivée ? Quelle cause l'avait provoquée ? Le docteur ne pouvait l'expliquer. On remarqua seulement des traces de fracture à la fenêtre de la chambre, mais on pensa que c'était au commencement de l'accès que la malheureuse folle avait commis ces dégâts. Cependant, au milieu de ses cris, on distinguait des paroles semblant énoncer une suite d'idées soutenues. La pauvre insensée repoussait tout le monde, comme si elle eût voulu écarter une vision pénible, et le nom de Noël revenait sans cesse sur ses lèvres. La maladie avait repris une force nouvelle. Le marquis dut donc repartir, muni de la donation qui le mettait en possession indéfinie des richesses de Mme de Saint-Gervais.

Depuis ce moment, la folle, jusqu'au jour où je l'avais amenée à Brest, n'avait eu un instant de calme, ni de lucidité. Le marquis put donc se croire mis en possession définitive de l'héritage, et tout le monde s'habitua si bien à cette pensée, que personne ne supposait que M. d'Horbigny ne fût pas immensément riche de ses propres deniers.

D'autres années s'écoulèrent encore.

Quelques mois avant l'époque de son mariage et alors qu'il n'était nullement question de projets d'union pour lui, le marquis reçut, un soir, une visite mystérieuse. Personne ne put voir le visage du personnage qu'un valet de confiance avait introduit. Le lendemain M. d'Horbigny ne put sortir. Une fièvre ardente le clouait sur son lit. Une semaine s'écoula, le vieux gentilhomme se remit et il reçut une nouvelle visite du même personnage qui fut introduit aussi mystérieusement que la première fois.

Cet homme que personne ne connaissait à l'hôtel d'Horbigny, savez-vous qui il était ? C'était Noël, le jardinier du château de Morandes, le fils du marquis d'Horbigny !

— Noël ! s'écria Brune. Il n'était donc pas mort !
— Il avait échappé à l'incendie.
— Et qu'était-il devenu ?
— Vous ne pourriez le supposer !
— Qu'est-ce donc ?
— Noël était un forçat évadé du bagne de Brest !
— Un forçat ! répéta Brune de plus en plus stupéfait.
— Un forçat ! dit encore Fouché. C'était au bagne que l'avaient conduit ses horribles instincts.
— Et que voulait-il à son père, grand Dieu !
— Il voulait l'immense fortune du marquis. Le misérable avait consacré plus de dix années à rechercher, à trouver et à entasser les preuves les moins irrécusables de son individualité. Quand il vint trouver son malheureux père, il était en mesure de prouver que lui, le forçat évadé, était bien le noble fils du marquis d'Horbigny. Il menaça le vieux gentilhomme de se dénoncer lui-même, il fit luire, devant les yeux effrayés du marquis, le scandale d'un procès où le nom de ses ancêtres serait taché de la boue du bagne !

— Quelle horreur ! s'écria l'étudiant avec indignation.

— Pour unique condition à son silence, le bandit mettait celle d'être placé en possession de la fortune de son père. Le marquis rejeta d'abord cette proposition, préférant la mort à l'acceptation d'une telle ignominie, mais son fils lui déclara fort tranquillement que s'il se tuait, il se ferait reconnaître pour revendiquer ses droits à la succession paternelle. Ivre de douleur, le vieux marquis ne sachant que faire, dit à son fils que la presque totalité de ce qu'il possédait appartenait à Mme de Saint-Gervais.

— Je le sais, répondit Noël, mais je sais aussi que la belle Laure, mes anciennes amours, a fait en votre faveur une donation de tous ses biens. Or, cette donation est valable tant que Laure sera folle, et elle le sera toujours, j'y mettrai bon ordre ! Donc cette fortune est à vous.

Et, comme le marquis paraissait ne pas comprendre :

— Rappelez-vous ce qui s'est passé à Gouesnou, reprit Noël avec un cynisme épouvantable. Quand Laure a fait sa donation, elle était parfaitement lucide, on la croyait guérie. Cependant le soir même elle devenait folle. Savez-vous pourquoi ? Je suivais attentivement tout ce qui se passait entre vous, car je songeais à l'avenir. La nuit venue, et l'acte bien en règle, je surpris Laure dans son sommeil, et ma vue seule suffit pour faire fuir sa raison encore vacillante.

— Mais cet homme est un monstre capable de tout ! s'écria Brune de plus en plus indigné.

— C'est pourquoi nous ne saurions trop veiller sur nous-mêmes, repartit Fouché, car cet homme est aujourd'hui notre ennemi acharné ?

— Lui ? dit l'étudiant.

— Lui-même ! Ecoutez-moi encore, et vous allez comprendre. Trois fois, en moins de deux semaines, le vieux marquis reçut encore la visite de son horrible fils. Ce qui se passa entre eux durant ces trois visites, je vous le laisse à penser. Sans doute Noël, la menace de la honte à la bouche, osa proposer à son père le plus infâme marché; sans doute le malheureux gentilhomme, vaincu par l'effroi que lui inspirait cette menace, finit par accéder aux volontés imposées par le bandit.

Ce fut quelques jours après que le marquis d'Horbigny parla tout à coup de ses intentions de se remarier. Il attendait, dit-il, la jeune fille dont il avait fait choix.

Effectivement, au milieu de l'étonnement général, on vit bientôt arriver à Nantes une jeune et belle personne accompagnée d'une vieille parente se disant sa tante, et venant d'une province éloignée. Au reste, ces dames ne voyant personne, ne recevant jamais, ne sortant que rarement, on ne put avoir aucun détail qui satisfît la curiosité.

Bref, je vous ai dit ce qui s'était passé à propos de ce mariage qui s'accomplit solennellement, et la tristesse que le marquis ne pouvait vaincre, fit naître mille soupçons dont aucun n'approchait de la vérité.

Le marquis avait soixante-quatorze ans ; ce n'était donc pas une compagne qu'il prenait, c'était une fille qu'il donnait à ses dernières années. Cette opinion était universelle. Aussi la nouvelle que la jeune marquise allait bientôt donner un héritier à son mari fut-elle accueillie par des salves de moquerie et de quolibets railleurs. Cependant une fille vint au monde ; mais on put remarquer encore qu'à propos de la naissance de cet enfant, la tristesse profonde du vieux gentilhomme parut d'autant plus vive.

— Je comprends ! dit Brune en souriant.

— Après son mariage, le marquis, à ce que dit son valet de chambre plus tard, reçut encore la visite souvent renouvelée de l'homme que chacun ignorait être son fils. Seul, Urbain, celui qui me racontait cette histoire, avait deviné l'affreuse vérité. Urbain était un vieux serviteur né dans la famille d'Horbigny. Il avait connu le fils du marquis, il avait accompagné son maître dans le voyage fait en Espagne. Il avait été le confident des angoisses du malheureux père, et il avait porté lui-même, au couvent, la dot que devait payer le jeune homme à son entrée au cloître.

Urbain, caché un soir près de la chambre du marquis, avait reconnu, dans le visiteur mystérieux, l'enfant perverti devenu homme infâme ; mais il avait renfermé ce secret au fond de son cœur, et le marquis ne lui ayant rien dit, il n'avait osé parler.

Cependant il avait épié Noël à chacune de ses visites et il avait suivi, pas à pas, l'intrigue qui se nouait. Bref, le marquis, obsédé de nouveau par son fils, avait dressé son testament. Par un motif dont Urbain ignorait la cause, et que je n'ai pas encore moi-même pu pénétrer, Noël avait dicté les clauses étranges qui, tour à tour, avantageaient la mère et la menaçaient de ruine. Mais en ce qui concernait l'article relatif à la famille d'Adore (celle du frère du marquis), Noël, en dépit de ses menaces, ne put obtenir que son père le changeât. Le vieux marquis fut inflexible.

Si l'enfant qui portait son nom mourait, toute la fortune passait à sa nièce.

Il fallut que Noël accepta cette clause. Le testament fait et déposé, Noël ne reparut plus. Moins de deux ans après, le marquis d'Horbigny mourait ainsi que je vous l'ai dit.

Le premier soin de la jeune veuve fut de chasser Urbain qu'elle n'aimait pas. Le valet congédié se retira à Brest, sa ville natale.

Ce fut là qu'une nuit, qu'il se trouvait attardé dans un faubourg, il assista involontairement et sans être vu à un conciliabule de forçats évadés la veille et qui n'avaient pu encore s'éloigner de la ville.

Or, parmi ces forçats, il reconnut l'homme qu'il avait vu chez son maître, celui qu'il savait être le fils du marquis d'Horbigny, et cet homme qui commandait aux autres, cet homme qui semblait n'avoir autour de lui que des sujets, cet homme était le Roi du Bagne!

— Le roi du bagne! répéta Brune en frissonnant.

— Oui, répondit Fouché ; ce que m'avait raconté le vieux valet m'éclairait complètement sur les démarches du marquis. M. d'Horbigny, dans la crainte d'exposer les jours de Mme de Saint-Gervais, n'avait pas osé faire un acte public en sa faveur, et il avait compté sur moi pour sauvegarder la fortune de la pauvre folle et la faire rentrer en possession de tous ses biens, si elle recouvrait la raison. Tout ce qui m'avait semblé obscur jusqu'alors devenait lumière : le mystère disparaissait pour faire place à la réalité.

— Maintenant, ajouta Urbain, vous savez tout ; acceptez-vous toujours la mission qui vous a été confiée ?

— Je l'accepte ! répondis-je sans hésiter.

— Alors, reprit le vieux valet, je veux dès demain vous faire connaître les ennemis que vous allez avoir à combattre.

— Quoi ! m'écriai-je, le fils du marquis est-il donc à Brest ?

— Je l'ignore, me répondit-il, mais son principal lieutenant est ici.

Urbain m'expliqua alors que depuis la mort de son maître, depuis la nuit où il avait reconnu le fils de M. d'Horbigny pour être le roi du bagne, il avait consacré toute son intelligence, tout son temps, toutes ses peines à s'immiscer, autant qu'il le pouvait, dans les mystères de la terrible association dont Noël était devenu le chef. Grâce à sa finesse, à sa connaissance des lieux, aux moyens adroits qu'il avait employés pour corrompre plusieurs affidés, il avait appris bien des choses. Il me révéla la puissance formidable dont disposait ce roi des bandits qui avait sur ses sujets une autorité sans limites : il me mit au courant enfin de tout ce que j'avais besoin de savoir, et le lendemain de notre conversation, il me fit voir, la nuit, dans un ignoble cabaret, celui qui passait pour être le second du chef suprême. C'était un ancien forçat, d'une réputation extraordinaire, et qui avait accompli les choses les plus incroyables. Ses traits se gravèrent dans ma mémoire.

— Comment était-il, demanda curieusement l'étudiant.

— Comment il était? répéta Fouché; mais vous l'avez vu !

— J'ai vu cet homme, moi ?

— Oui, avant-hier soir, alors que nous quittions Paris.

— Comment ? dit Brune avec étonnement.

— Rappelez-vous celui que vous avez remarqué rue de Vaugirard parmi les spectateurs qui entouraient le feu de paille...

— Quoi ! c'était...

— Le lieutenant du roi du bagne, je vous l'ai dit.

— Oh ! oh ! dit Brune je commence à comprendre enfin quels sont les ennemis auxquels nous avons affaire.

— Oui, fit Fouché en secouant la tête ; la partie est rude !

— Mais, reprit l'étudiant, qu'avez-vous fait à Brest à l'époque où vous y étiez avec Mme de Saint-Gervais ?

— J'avais d'abord tracé divers plans de conduite qui tous me parurent successivement impraticables. J'avais pensé à m'adresser à la justice, mais Urbain me détourna de ce moyen ; il me fit observer que tous ces gens qui avaient jusqu'alors lutté avec avantage contre la société, triompheraient encore de nos tentatives contre eux ; puis, si je réussissais, je méconnaissais les volontés du marquis d'Horbigny, car pour expliquer toute l'intrigue, il fallait bien dévoiler la vérité entière et livrer le nom du vieux gentilhomme à l'horreur et à la honte ! Il avait préféré faire passer son fils pour mort plutôt que d'accepter l'infamie que son existence souillée eût jeté sur la race des d'Horbigny : avais-je le droit de faire, moi, ce que le marquis avait refusé d'accomplir ? La punition du coupable ne m'appartenait pas. Ce que je devais faire, c'était remettre Mme de Saint-Gervais en possession de tous ses biens. Je pris alors le parti de me rendre à Nantes et d'attaquer le testament du marquis à l'aide de la lettre qu'il m'avait remise. La donation de Mme de Saint-Gervais était claire et précise ; le résultat du procès n'était pas douteux. Je pris conseil des meilleurs avocats et je les chargeai de poursuivre l'affaire. Six semaines après, le procès allait s'engager entre Mme de Saint-Gervais et la marquise d'Horbigny. La veille du jour de l'ouverture des débats je revenais de chez notre principal avocat, donnant la main à Mme de Saint-Gervais qui avait dû m'accompagner pour divers renseignements qu'elle avait eu à donner elle-même. Nous venions de traverser la place Royale et nous nous apprêtions à rentrer dans la maison que Mme de Saint-Gervais habitait, lorsqu'à l'angle de la rue, un homme, enveloppé d'un manteau, nous croisa brusquement. Cet homme, que je n'avais pas remarqué, s'approcha tout à coup de ma compagne, écarta vivement les plis de son manteau, lui montra un objet que je ne pus distinguer et qu'il tenait sur sa poitrine, et disparut rapidement. Tout cela s'était accompli d'une façon si instantanée, que je ne n'avais eu le temps de m'opposer ni à l'action de l'homme, ni à son passage. Je me retournai vivement, mais je sentis au même instant la main de M™ de Saint-Gervais se roidir dans la mienne, ses doigts crispés déchirèrent les miens de leurs ongles aigus, elle poussa un cri rauque, chancela, et, avant que j'aie pu la retenir, elle roula sur le pavé. Une nouvelle crise venait de s'emparer d'elle. La malheureuse était redevenue folle !

— C'était l'homme qui avait passé près d'elle qui avait provoqué cette crise ? s'écria Brune.

— Sans aucun doute, répondit Fouché ; le misérable avait accompli son œuvre, car cet homme devait être Noël, le jardinier, le fils du marquis d'Horbigny, le roi du bagne enfin.

— Et vous n'avez pas remarqué ses traits ?

— Je l'ai à peine entrevu, et les plis de son manteau me dérobaient sa figure. M™ de Saint-Gervais, de nouveau privée de raison, le procès tombait de lui-même et la marquise d'Horbigny restait en possession des revenus et sa fille héritière des biens-fonds.

Je ramenai M™ de Saint-Gervais à Gouesnou. Le vieil Urbain, en apprenant la catastrophe, mourut de chagrin, et je demeurai seul dépositaire du terrible secret. Ne pouvant rien, tant que la folle ne recouvrerait pas la raison, je quittai la province et mes amis me procurèrent une chaire au collège de Juilly.

Depuis cette époque jusqu'à celle où nous sommes, je n'entendis plus parler de cette affaire à laquelle je m'étais trouvé mêlé d'une façon si étrange et si directe. Je sus seulement que M™ d'Horbigny avait laissé sa fille à Saint-Nazaire, qu'elle était venue à Paris où elle vivait brillamment, et qu'elle était sur le point d'épouser un jeune seigneur de la cour, le comte de Sommes, un ami intime du duc de Chartres. Enfin, il y a quatre jours, je reçus une lettre de Saint-Nazaire, lettre écrite par l'un des avocats que j'avais consultés jadis pour Mme de Saint-Gervais. Cette lettre m'apprenait la mort de Mlle Berthe d'Horbigny. Dès lors toute la fortune du marquis échappait aux mains impures qui la spoliaient impudemment et revenait à Mlle d'Adore, la nièce de M. d'Horbigny.

M. d'Adore, avec lequel j'avais été mis en relation, m'écrivit en même temps pour me prier de veiller aux intérêts de sa fille, en évitant toutefois un scandale dans lequel le nom de son frère se fût trouvé compromis. Ne voulant pas voir la marquise, qui savait fort bien tout ce que j'avais fait contre elle à propos de Mme de Saint-Gervais, je me rendis chez son fiancé, le comte de Sommes.

Celui-ci me reçut à l'instant même, mais lorsque je lui énonçai le but de ma visite, il me rit au nez et me montra une lettre constatant l'excellente santé dans laquelle se trouvait Mlle Berthe.

Ah! fit Fouché en interrompant brusquement son récit, voici l'auberge que je désirais atteindre. Il est temps, nos chevaux commencent à refuser; il faut leur faire donner double ration. »

Effectivement on apercevait, derrière un bouquet d'arbres, une maison de médiocre apparence, entourée d'un petit jardin, lequel était ceint par un mur de clôture, et qui se dressait isolément sur la route comme une sentinelle avancée placée en védette. Fouché arrêta à la hauteur de la porte d'entrée et il fit pénétrer la voiture dans la cour.

V

L'AUBERGE ISOLÉE

Tous les voyageurs mirent pied à terre, mais personne ne se présenta pour les recevoir : la maison paraissait absolument déserte. Seuls les braiements d'un âne, partant d'un petit bâtiment situé dans l'angle de la cour, indiquaient l'endroit où se trouvait l'écurie. Fouché alla ouvrir la porte entre-bâillée de ce petit bâtiment et appela un garçon : personne ne lui répondit.

— Ah çà ! fit Augereau en riant, est-ce que nous venons d'aborder dans une île déserte ?

— Une île déserte ! répéta avec un sentiment d'effroi M. Gorain. J'ai lu dans des relations de voyages qu'il se passait ordinairement de terribles choses dans ces îles désertes.

— Rassurez-vous, mon digne ami, dit Augereau avec le plus grand sang-froid, l'île n'est plus déserte, puisque nous voici pour l'habiter.

— Ah! c'est juste! répondit Gorain sans comprendre.

Pendant ce temps Brune avait pénétré dans la maison et interrogeait chaque pièce ; les premières étaient inhabitées, mais portes et fenêtres étaient ouvertes.

Enfin, dans un petit cellier, situé de l'autre côté de l'habitation, Brune trouva un jeune garçon en train de mettre du vin en bouteilles.

— Eh! l'ami! fit-il en s'arrêtant sur la porte du cellier, êtes-vous donc seul dans cette auberge?

A l'appel de l'étudiant, le jeune garçon se retourna lentement, et, une bouteille d'une main, une batte de l'autre, il fixa de grands yeux étonnés sur son interlocuteur.

— Qué qu'y a, M'sieu? fit-il d'une voix enrouée et avec cet accent traînard moitié gouailleur, moitié stupide, dont il est impossible de définir l'expression et qui semble particulier à cette partie de l'ancienne Ile-de-France, nommée jadis le Hurepoix.

— Il y a, répondit Brune, qu'il faudrait te remuer un peu et appeler tes maîtres, car nous avons grand'-faim et grand'soif et nos chevaux demandent une bonne provende.

Le jeune paysan continua à regarder l'étudiant, comme s'il n'eût pas compris un mot de ce qu'il venait d'entendre.

— Ah çà! est-ce que tu es sourd? s'écria Brune avec impatience.

— Oh! que nenni! répondit le paysan.

— Alors, dépêche-toi!

— Oh! que je me dépêche ou que non, que ça n'y

fera rien, mon bon M'sieu! dit le jeune homme en se dandinant.

— Comment, ça n'y fera rien? répéta Brune. Est-ce que tu te moques de moi?

— Eh bien, morbleu! la cantine est donc vide? cria une voix joyeuse, et Augereau parut à son tour sur le seuil du cellier.

— Je n'ai encore pu trouver que cet échantillon des habitants du logis, répondit l'étudiant en désignant le jeune homme, mais je ne sais trop quelle langue lui parler pour me faire comprendre de lui.

— Ah! fit Augereau en riant, on voit bien que vous n'avez pas encore beaucoup voyagé, vous! Vous allez voir comment on se fait comprendre des jeunes aubergistes qui ont l'oreille peu délicate.

Le petit paysan, sans plus s'occuper de ses hôtes, s'était remis à son occupation, un moment interrompue par l'arrivée de Brune. Augereau pénétra dans le cellier, repoussa le petit bonhomme, prit la bouteille qu'il était en train de remplir, la leva à la hauteur de l'œil, mira le jour au travers, tout en contenant de sa main inoccupée les efforts que faisait le paysan pour rentrer en possession de sa propriété.

— Belle couleur! fit le maître d'armes en reposant la bouteille sur la planche; c'est du petit vin d'Anjou, mais ça doit s'avaler.

Puis se tournant vers le petit paysan :

— Nous voulons dîner! dit-il d'une voix rude.

— Ça ne se peut point! répondit le paysan.

— Comment dis-tu cela?

— Je dis que je ne peux point vous donner à manger, dà!

— Ah çà ! drôle, veux-tu faire connaissance avec le fourreau de mon épée ? Où est l'aubergiste ?

— Il n'y est point ! répondit le jeune homme sans paraître s'émouvoir de la menace d'Augereau.

— Où est-il ?

— Il est aux champs !

— Eh bien ! sa femme, sa fille, sa servante !

— Il n'en a point.

— Ah çà ! qui donc y a-t-il ici alors ?

— Il n'y a que moué !

— Il n'y a que toué ! répondit Augereau en riant ; et tu ne peux pas nous faire à dîner ?

— Non !

— Morbleu ! s'écria Brune, comment allons-nous faire ? Il faut nous en aller...

— Brrr... fit Augereau, pas si niais ! Nous sommes ici dans une auberge et nous y dînerons ; c'est moi qui vous le dis. D'abord, voilà un petit gaillard qui commence à m'échauffer la bile. Il faut qu'il change de ton. En attendant, parons aux événements !

Augereau avança le bras et fit une râfle d'une demi-douzaine de bouteilles qu'il tendit à Brune.

— Emportez cela ! dit-il.

— Je ne veux point ! Au vol... commença le petit paysan en voulant sauter sur l'étudiant.

Mais il ne put achever sa phrase, ni son geste. Augereau l'avait saisi par l'oreille avec une telle rudesse, que le jeune homme poussa un hurlement de douleur.

— Dans la salle à manger ! dit Augereau en passant devant Brune sans lâcher le petit paysan.

La salle à manger, servant en même temps de cuiaine, suivant la coutume, s'ouvrait sur la cour où Fouché avait fait entrer la voiture. Gorain, Gervais, Nicolas et Jean attendaient là, appelant, criant pour faire venir l'aubergiste introuvable.

— Eh ! Nicolas ! cria Augereau en poussant le paysan vers le soldat, je vous recommande le petit bonhomme ; il a la tête dure, mais en lui frottant de temps en temps les épaules, vous en ferez ce que vous voudrez. Brune, vous, apportez le vin ; forcez le drôle à vous donner le pain et à dresser le couvert. Moi, pendant ce temps, je vais faire un tour au poulailler.

— Comment ? comment ? dirent à la fois Gorain et Gervais ; mais il n'y a donc personne pour nous servir, ici ?

— C'est une île déserte ! répondit Augereau en riant; mais, soyez sans crainte, nous n'y mourrons pas de faim !

Et Augereau passa dans la cour. Fouché était là, s'occupant exclusivement des chevaux.

— Eh bien ? demanda-t-il au maître d'armes en achevant de dételer.

— Il n'y a ici qu'un enfant, répondit Augereau.

— Corbleu ! c'est jouer de malheur. J'ai fouillé l'écurie et la grange, je n'ai trouvé que quelques bottes de paille, pas de foin et l'avoine avariée. Les chevaux ne peuvent manger et cependant il faut qu'ils courent !

— Bah! dit Augereau, ne vous inquiétez pas. Si vous n'avez pas trouvé d'avoine, j'ai trouvé du vin, moi. Prenez du pain, faites une soupe au vin pour les bêtes, et du diable si elles n'ont pas, après, le feu dans le ventre !

— Vous avez raison ! s'écria Fouché avec joie. Dites à Brune de m'apporter ce qu'il faut. Je ne veux quitter ni les chevaux, ni la voiture !

Augereau appela l'étudiant, et, après lui avoir exprimé le désir de Fouché, il se dirigea vers la basse-cour, tandis que Brune retournait au cellier. Dans la basse-cour, Augereau ne trouva d'abord aucun animal vivant ; mais, habitué aux péripéties d'une vie agitée, aux misères des voyages et aux ruses de la maraude qu'il avait souvent pratiquée en pays étranger et dans sa propre patrie, le maître d'armes en appela à son instinct. Il étudia le terrain, remua le fumier et découvrit des traces fraîches indiquant la présence des lapins. Or, les poules pouvaient courir les champs, mais les lapins devaient être renfermés.

Augereau écouta, regarda, flaira, étudia, s'ingénia, et finit par découvrir, enfouis sous des branchages nouvellement coupés, une cabane contenant une demi-douzaine de lapins gris de la plus belle apparence.

— Tiens ! tiens ! tiens ! fit-il en saisissant deux des animaux par leurs longues oreilles, il paraît que l'on craint les maraudeurs dans cette cassine !

Et, à l'aide d'un double coup sec appliqué sur la nuque, il fit froidement passer de vie à trépas les pauvres lapins innocents.

— Eh Jean ! appela-t-il, venez un peu m'aider. Nous allons faire la chasse aux poulets !

Augereau venait en effet d'apercevoir, au loin dans la campagne, quelques-uns des membres de cette grande famille des gallinacées, qui semble avoir été créée par lieu, pour la plus grande satisfaction de l'estomac humain. Jean ne se fit pas prier pour prendre sa part de l'expédition.

— Et vous, les deux papas, cria Augereau aux deux bourgeois, allumez un bon feu ! Nicolas, pensez à la soupe !

Quelques instants après le maître d'armes et le garçon teinturier rentraient, l'un tenant à la main ses deux lapins, et l'autre trois poules et un jeune coq.

Nicolas, grâce aux indications données de fort mauvaise volonté par le jeune paysan, avait fini par découvrir la huche au pain. La vaisselle et les couverts d'étain étant placés sur les dressoirs, il lui avait été facile de s'en emparer.

MM. Gorain et Gervais s'étaient assis sur deux chaises et se regardaient bouche béante, ne sachant pas évidemment ce qu'ils devaient faire. Les façons d'agir de leurs compagnons leur paraissaient tellement en dehors de tous les usages reçus dans la bourgeoisie parisienne, qu'ils se demandaient, chacun intérieurement, si ce qu'ils voyaient était bien réel, et non pas l'effet d'une fantasmagorie trompeuse.

— Comment ! s'écria Augereau, le feu n'est pas allumé ! Allons, il faut donc que nous fassions tout ! Jean, à la besogne, mon garçon. Nous allons essayer nos talents de cuisinier.

Et, tandis que Jean prenait dans un coin une brassée de bois mort et la jetait dans l'âtre aux proportions gigantesques, Augereau ramassa les lapins de la main gauche et il prit les poules de la main droite, puis se plaçant entre les deux bourgeois toujours immobiles :

—Plumez-moi celles-là, dit-il à Gorain ; écorchez-moi ceux-ci, continua-t-il en s'adressant à Gervais ; maintenant, je vais aux légumes.

— Ah ! cria le jeune paysan qui n'avait pas encore remarqué les lapins et les poules ; ah ! mais c'est nos lapins ! mais c'est nos poules ! que va dire notre maître !

— Il dira ce que cela coûte, répondit magistralement Augereau ; et ces deux messieurs que tu vois là lui fermeront la bouche en ouvrant leur bourse ! Sur ce, plumez et écorchez ; je reviens.

Et Augereau tourna sur ses talons, laissant muets et immobiles de surprise les deux amis : Gervais regardant les lapins qui gisaient sur ses genoux, et Gorain portant une main craintive sur le plumage des gallinacées. Pendant ce temps, Brune et Fouché continuaient à s'occuper exclusivement des chevaux et de la berline. Adoptant le système de nourriture proposé par le maître d'armes, Fouché avait fait vider plusieurs bouteilles dans un baquet et y avait jeté à profusion de gros morceaux de pain bis. Puis il s'était mis avec Brune à bouchonner rudement les chevaux. Cette opération terminée, on avait donné aux bêtes fatiguées la provende de nouvelle espèce.

— Vous vous êtes arrêté, dit Brune en se rapprochant de Fouché, au moment où le comte de Sommes venait de vous prouver que Mlle d'Horbigny vivait encore. Comment votre entrevue s'est-elle terminée, et en quoi cette histoire se rattache-t-elle à celle de la fille de Bernard ? J'ai hâte de savoir la vérité.

— La voici en deux mots, répondit Fouché. Plus tard

je vous donnerai les détails circonstanciés. Maintenant je vais droit au but. Mlle Berthe d'Horbigny est morte et bien morte. Seulement vous comprenez combien cette mort lésait les intérêts de la marquise. Sa fille décédée, toute la fortune revient à Mlle d'Adore. Là n'est point l'affaire du roi du bagne qui a commis tant de crimes, qui a fait redevenir deux fois folle Mme de Saint-Gervais et qui a contraint son père à un infâme mariage pour se réserver, dans l'avenir, cette fortune immense, laquelle lui eût échappé sans retour. Là, non plus, n'était point l'affaire du comte de Sommes, lui qui basait, sur son union avec Mme d'Horbigny, l'échafaudage d'une position splendide.

— Mais ce comte de Sommes est-il donc d'accord avec le roi du bagne ?

— Je l'ignore absolument, répondit Fouché, et c'est ce point obscur qu'il est si important d'éclaircir. Le comte de Sommes est-il complice du forçat ou est-il sa dupe ? Est-ce l'un de ces gentilshommes honteusement dégradés et ne rougissant plus sur l'emploi des moyens à prendre pour redorer leurs blasons ? n'est-ce, au contraire, qu'un instrument dont se sert le grand criminel, un pantin dont une main puissante et habile fait jouer les fils ? Je ne saurais le dire : toujours est-il que le comte, à son insu ou non, agit dans le même sens et court vers le même but que le roi du bagne. Berthe morte, il fallait donc, pour conserver l'héritage à la marquise, non-seulement cacher cette mort à tous les yeux, mais encore faire revivre l'enfant dont l'existence est si précieuse. On a cherché une jeune fille de même âge et de même figure : le hasard a fait que la jolie mignonne remplit toutes les conditions désirées et on a enlevé la fille du teinturier Bernard.

— Oh ! je comprends tout ! s'écria Brune.

Ici encore, continua vivement Fouché, se présente l'un de ces points mystérieux sur lesquels je n'ai encore pu jeter la lumière. Le comte et le roi du bagne ont-ils agi en communauté d'intrigue pour enlever la jolie mignonne et l'envoyer à Saint-Nazaire ? Ce qui est certain, c'est qu'ils ont travaillé tous deux à atteindre ce but. Maintenant, lequel dirigeait l'autre ? Voilà ce que, pour nous, il serait si important de savoir. Ce dont je suis sûr encore, c'est que la fille de Bernard a été enlevée par les gens du roi du bagne et que le comte de Sommes avait connaissance de ce rapt ; c'est que la marquise a prêté les mains à cette horrible intrigue tramée à son profit ; c'est que le comte de Sommes, enfin, a mis tout en œuvre pour étouffer l'affaire. Qui la marquise trompe-t-elle ? Agit-elle de concert avec son fiancé pour tromper le roi du bagne, ou cet espoir d'une union n'est-il qu'un terme donné au comte pour le faire tomber dans le piège et exploiter son influence ? Encore une fois, je doute ! Mais, dans tous les cas, vous sentez de quelle importance est, pour les intéressés, la non réussite de notre entreprise.

— Parfaitement ! je m'explique la puissance de nos ennemis et, vous aviez raison, ils sont formidables.

— Nous avons, contre nous, toutes les forces mystérieuses dont dispose le roi du bagne, et celles, également redoutables, que peut mettre en jeu le favori d'une Altesse ! Nous en avons eu les preuves, au reste...

— Ainsi vous croyez que ce qui s'est passé à Arpajon ce matin...

— Est le résultat d'un plan ourdi ! Cela est facile à prouver.

— Mais cette lettre que le duc de Chartres vous adressait...

— M'était envoyée par le comte de Sommes. C'était un moyen adroit d'ajouter, à mes trousses, de nouveaux ennemis.

— Comment cela ?

— Le duc est l'adversaire de la cour, donc tous ceux qui le servent sont suspects au gouvernement du roi. Me faire supposer être l'agent de Monseigneur, c'est dire à tous les employés de M. Lenoir de veiller sur moi, et ils n'y ont pas manqué. Celui que vous avez si vivement étrillé, à ma recommandation, doit être quelque agent secret.

— Corbleu ! s'écria Brune, si j'avais su cela !

— Bah ! ne nous occupons plus de cet homme. Ceux que je redoute le plus, sont les sujets du terrible monarque et les gens aux gages du comte.

— Mais, dit Brune après un moment de réflexion, comment se fait-il que ces personnes qui ont si grand intérêt à s'opposer à la réussite de nos desseins, n'agissent pas ouvertement contre nous et n'emploient pas des moyens violents au lieu de se cacher dans l'ombre pour nous dresser des embûches.

— Parce que, répondit Fouché, les moyens dont vous parlez, s'ils réussissaient même, attireraient, sur l'affaire, un jour qu'il serait dangereux de lui prodiguer. Un soupçon ne doit même pas pouvoir s'élever contre la marquise, comprenez bien cela ! Puis, si je succombais d'une façon peu naturelle, j'ai des amis qui demanderaient vengeance de ma mort à la justice, et ces amis, sans être de grands seigneurs, commencent à avoir une certaine influence redoutée par la cour. Danton, Robespierre et plusieurs autres sont gens à crier haut et longtemps. Or, un scandale ne vaudrait rien pour nos ennemis, tandis que si nous ne parvenons pas à retrouver la jolie mignonne, que nous échouions enfin dans notre aventure, nous sommes contraints à nous taire. Comprenez-vous ?

— Parfaitement bien, et je conclus de tout ce que vous me dites que, lorsque nous arriverons à Saint-Nazaire, la prétendue fille de la marquise aura depuis longtemps quitté la province.

— Erreur ! dit vivement Fouché.

— Quoi ! vous supposez qu'ils auront bêtement laissé là où ils savent que nous allons, celle que nous ne devons pas retrouver ?

— Ils y sont parbleu bien forcés !
— Comment ?

— Le tuteur de Mlle d'Horbigny est naturellement M. d'Adore, le frère du défunt marquis. C'est lui qui a exigé que Mme d'Horbigny laissât sa fille à Saint-Nazaire, et on ne peut l'en emmener sans sa permission.

— Il habite donc près de là ?
— Il habite Nantes.
— Et la substitution s'est faite sans qu'il pût la constater ?

— Elle a été opérée avec une habileté telle, d'après

ce que je sais, que personne autre que deux femmes absolument dévouées à la marquise et qui avaient la charge spéciale de l'enfant, n'a pu même la supposer ! M. d'Adore n'a pu que deviner sans avoir de certitude, et tout dépend de l'individualité à prouver de la fille du teinturier. Seulement, et là est le danger pour nos ennemis, on ne doit pas, sous peine d'éveiller les plus grands soupçons, laisser ignorer à M. Adore l'endroit où habite sa pupille, et cet endroit il lui appartient de le connaître et d'en exiger légalement la désignation précise. L'intérêt de nos adversaires est donc tout entier dans ceci ; nous empêcher par des moyens, en apparence naturels, d'arriver à Saint-Nazaire !

— Oh ! dit Brune, si ce n'est que cela...

— Peste ! dit Fouché, vous en parlez bien à l'aise ! on voit que vous ne connaissez pas nos ennemis ; mais patience, vous aurez le temps d'apprécier leur caractère. Maintenant vous voici parfaitement au courant de l'intrigue dont nous devons dénouer les fils. Si les circonstances nous forçaient à nous séparer, vous pourriez agir, sans moi, de votre côté.

— Et pour le compte de qui croyez-vous que Gorain et Gervais soient chargés de nous espionner ?

— Ils sont évidemment dupes d'un agent du roi du bagne. Ils connaissent le redoutable lieutenant de Noël, je l'ai deviné facilement au geste qu'ils ont fait en le voyant près du feu de paille de la rue de Vaugirard.

Tandis que Brune et Fouché achevaient leur entretien dans la cour, ne perdant de l'œil ni les chevaux, ni la voiture, une activité remarquable et dénotant tout l'intérêt profond que chacun prenait à sa besogne, régnait dans la salle basse de l'auberge. Jean soufflait un feu clair, Nicolas préparait une marmite, le jeune paysan achevait, tout en rechignant, de dresser son couvert sur une grande table de bois brut garnie de bancs.

Mais les plus affairés étaient, sans contredit, MM. Gorain et Gervais. Excités par les vives interpellations de leurs compagnons et par les propres cris de leur estomac affamé, ils avaient entrepris d'accomplir la tâche que leur avait donnée, à chacun, le maître d'armes. M. Gorain, tenant une poule par le cou, de la main gauche, lui arrachait énergiquement, de la main droite, plumes et duvet.

Heureusement la bête était vieille, et sa chair coriace résistait avantageusement aux efforts du bourgeois, sans quoi, à voir l'ardeur avec laquelle il arrachait les plumes, il eût, certes, dépouillé entièrement l'animal. Tant bien que mal cependant, il avançait dans son œuvre, et le coq gisait sur la table, privé de son plumage éclatant ; mais M. Gervais, soit qu'il manquât d'entrain ou d'habitude, ne se tirait pas aussi facilement de la préparation des lapins. Le malheureux bourgeois était inondé de sang, et il avait beau tirer sur la peau, qu'il coupassait en festons, il n'était point encore parvenu à dégager un seul membre.

— Dépêchez-vous ! lui criait Jean. Le tourne-broche attend !

— Je fais ce que je peux, mon jeune ami, répondit Gervais ; mais ce lapin est bien difficile à dépouiller.

En ce moment Augereau rentra, portant une véritable brassée de salades de tous genres.

— Oh ! oh ! fit-il en regardant Gervais, vous n'y connaissez rien, vous! Tenez, épluchez-moi un peu la salade, je vais vous montrer comment un chasseur entend la cuisine! Mais, avant tout, je demande à boire, je meurs de soif. Allons, mon petit bonhomme, continua-t-il en s'adressant au jeune paysan, verse-nous une rasade de ce petit vin d'Anjou que je ne serais pas fâché de goûter.

Le jeune paysan, qui avait jusqu'alors répondu par un grognement sourd à tout ce qu'on lui avait demandé, s'empressa, cette fois, d'obéir à Augereau, et ce fut presque d'un air aimable qu'il rangea sur la table autant de verres qu'il y avait de convives, et il les remplit en vidant deux bouteilles.

— Bois aussi, dit Augereau à l'enfant.

Le paysan se recula vivement en secouant la tête.

— Je n'ai pas soif! murmura-t-il.

— A ton aise! Messieurs, à votre santé!

Augereau saisit son verre, Gorain, Gervais, Nicolas et Jean en firent autant. Les verres s'entre-choquèrent joyeusement.

— A notre bon voyage! dit Nicolas en élevant le sien.

Chacun salua son voisin, et tous les coudes se levèrent lentement. Déjà toutes les lèvres s'entr'ouvraient, lorsqu'un cri arrêta les buveurs.

— Ne buvez pas! cria une voix forte.

Et Fouché s'élança dans la salle. Chacun s'était reculé avec stupeur.

— Ne buvez pas! répéta Fouché. Ce vin est le même que celui que j'ai donné aux chevaux?

— Oui, dirent à la fois Augereau, Jean et Nicolas.

16°

— Eh bien ! il est empoisonné !

— Empoisonné ! répéta-t-on.

— Empoisonné ! s'écria Gorain en laissant tomber son verre.

— Oui, empoisonné ! répéta Fouché. Où est celui qui vous l'a versé ?

Chacun se retourna : le petit paysan avait disparu. Un peu avant que Fouché n'entrât dans la salle, et alors que les buveurs portaient un toast à leur heureux voyage, le jeune homme s'était faufilé le long de la muraille et avait gagné une porte de sortie opposée à celle donnant sur la cour. Quand on s'aperçut de sa disparition, il n'était plus temps de le poursuivre.

— Mais, s'écria Augereau encore mal revenu de sa stupéfaction, mais qu'est-ce que vous nous contez-là ? Ce vin est empoisonné ? Comment le savez-vous ?

— C'est bien le même que j'ai donné aux chevaux, n'est-ce pas ? demanda encore Fouché.

— Oui ! oui ! c'est bien le même ! répéta-t-on de toutes parts.

— Eh bien ! dit Fouché, l'un des chevaux vient de tomber foudroyé, comme s'il eût été frappé par une congestion cérébrale, et l'autre tremble sur ses jambes et se couvre de sueur...

— Il vient de mourir ! dit Brune en entrant dans la salle.

— Tonnerre ! s'écria Augereau avec fureur. Il faut que je trouve l'hôte maudit qui nous ménageait si belle réception ! Çà ! fouillons la maison !

— Vous ne trouverez rien, fit observer Fouché avec un calme qui contrastait étrangement avec l'événement.

Croyez-vous que les auteurs de ces tentatives d'assassinat vous attendent? Je m'explique maintenant ce que me disait Brune à propos de la solitude dans laquelle était plongée cette auberge. L'enfant, que vous avez trouvé au cellier, était chargé de conduire le crime à bonne fin. On pensait que, par la chaleur qu'il fait, nous arriverions épuisés par la soif, et que la vue de ce vin frais, à peine mis en bouteilles, donnerait envie de boire aux premiers arrivants. Seulement, continua Fouché en réfléchissant, comment savait-on que nous ne continuerions pas notre route vers Corbreuse?

Puis, après un instant de silence :

— Je n'ai donc pas tout deviné ! murmura-t-il.

— Sacrebleu ! s'écria Nicolas, nous l'avons échappé belle.

— Saint Cloud ! saint Médard ! mes patrons, priez pour moi ! balbutia Gorain, qui venait seulement de recouvrer la possibilité de parler.

Gervais, blême, frémissant, la figure décomposée et tenant encore à la main le verre qu'il considérait d'un regard fixe, n'avait point fait un mouvement. Le malheureux était demeuré saisi par la révélation du danger qu'il venait de courir.

— Plus de chevaux ! s'écria Brune. Le premier village est loin encore. Faudra-t-il donc passer la nuit ici?

— Passer la nuit ici? répéta Gorain en faisant un soubresaut.

— La... nuit... ici?... balbutia Gervais en jetant loin de lui le verre contenant le breuvage mortel.

— Que décidons-nous? demanda Brune. Il est bientôt sept heures ! La nuit va venir...

Fouché, auquel s'adressait surtout l'étudiant, ne répondit pas. Il paraissait plongé dans une méditation profonde.

Tout à coup son œil s'alluma, et il releva vivement la tête.

— Messieurs, dit Fouché en lançant un regard circulaire sur ses compagnons, avez-vous confiance en moi ?

— Oui ! oui ! oui ! s'écria-t-on de toutes parts.

— Voulez-vous m'obéir sans demander l'explication de ce que je vous dirai de faire ?

— Nous le promettons !

— Eh bien ! vous venez de faire les préparatifs du dîner ; dînons !

— Hein ? firent les compagnons de l'oratorien stupéfaits de cette conclusion inattendue.

— Le vin est empoisonné, dit Fouché, le pain l'est peut-être ; mais ces poules et ces lapins, qu'Augereau a pris vivants, ne peuvent certes pas nous être nuisibles...

— C'est vrai ! s'écria le maître d'armes.

— Mangeons donc les poules et les lapins ! Mettez-vous à table ; je reviens dans un instant !

— Mais... firent observer quelques voix.

— Vous avez promis de m'obéir sans réflexions ! Voulez-vous que nous nous vengions de l'horrible attentat dont nous avons failli être les victimes ? Voulez-vous que les armes employées par nos ennemis tournent contre eux ?

— Oui ! oui ! dirent à la fois Nicolas, Jean et Augereau.

— Alors, à table ! Brune, venez avec moi !

Et Fouché, entraînant l'étudiant, quitta avec lui la salle basse.

Augereau, Nicolas et Jean se regardèrent un moment. Gorain et Gervais, qu'une émotion nouvelle et plus forte que toutes celles précédentes qui avaient assailli les deux amis depuis leur départ de la capitale, venait de terrifier si brusquement, Gervais et Gorain n'avaient pas évidemment conscience de ce qui se passait autour d'eux.

— Ah bah ! fit Augereau en se mettant à table, le vin est tiré, il ne faut pas le boire ; mais les lapins sont cuits, il faut les manger. D'ailleurs, j'ai un véritable précipice dans l'estomac, et mourir pour mourir, mieux vaut que ce soit d'indigestion que d'inanition. Jean, faites cuire les oiseaux !

Jean et Nicolas prirent place à côté du maître d'armes, et le garçon teinturier posa, sur le fourneau, une sorte de poêlon en terre dans lequel les poules et le coq devaient cuire pêle-mêle dans leur jus, formant un ragoût sans nom, mais dont l'odeur parut sans doute fort appétissante aux nerfs olfactifs d'Augereau, car ses narines se dilatèrent en aspirant le fumet qui s'exhala du poêlon.

Une demi-heure après le dîner était à point, et tous trois prirent place à table.

— Eh bien, Messieurs, le cœur ne vous en dit donc pas ? fit Nicolas en s'adressant aux deux bourgeois.

— Allons ! venez manger, ajouta le maître d'armes.

— Manger ! répéta Gorain en frissonnant.

— Du poison ! ajouta Gervais.

— Eh non ! des poules et des lapins !

— Tiens ! fit Jean en parlant la bouche pleine ; mais qu'est-ce que nous boirons ?

— Au fait ! c'est vrai ! dit Augereau. Le vin n'est pas catholique, mais il est diantrement malsain.

— Voici de l'eau ! dit Brune en rentrant ; et celle-ci est bonne. Fouché l'a fait goûter par les lapins de la basse-cour.

— Alors reprenons la santé interrompue ! s'écria Augereau.

FIN DU TROISIÈME VOLUME

TABLE DES MATIERES

I. — Une folie (suite)	5
II. — Le souper	20
III. — Un sosie	28
IV. — Le pendu	48
V. — Les cadavres	59
VI. — La toilette d'une femme de qualité	67
VII. — Le pari	81
VIII. — Le marquis	108
IX. — La visite inattendue	115
X. — Le feu de paille	132
XI. — La maison de poste	166
XII. — Flamberges au vent	190
XIII. — Les caissiers du voyage	209
XIV. — Laure	224
XV. — L'auberge isolée	267

Saint-Amand (Cher). — Imp. DESTENAY, Bussière frères.

Original en couleur
NF Z 43-120-8

www.ingramcontent.com/pod-product-compliance
Lightning Source LLC
Chambersburg PA
CBHW070755170426
43200CB00007B/784